신구 한국어교육선서 01

한국어학

| 용어 해설 |

신구 한국어교육선서 01

한국어학

| 용어 해설 |

한재영 · 안경화 · 박지영 지음

신구문화사

머리말

한국어를 배우고자 하는 외국인 학습자들이 늘어남에 따라 그들에게 한국어를 가르치는 교사의 수요도 그만큼 늘어나게 되었다. 그에 따라 상당수의 대학원에는 외국어로서의 한국어교육 전공 과정이 생기고, 학부 과정에도 유수의 대학들에 학과가 개설되어 외국어로서의 한국어교육의 수준 향상을 도모하고 있다. 하지만 최근의 한국어교육 현장은 국내외를 막론하고 다양한 양상을 띠고 있어 이들 대학과 대학원 과정의 정규과정만으로는 다양한 수요의 양상에 부응하기 어려운 형편이라고 할 수 있다. 비정규과정의 교육을 통한 한국어교사의 양성을 도모하게 된 것은 그러한 현실적인 문제의 해결을 꾀하고자 하는 의도를 가지고 있는 것이라 하겠다.

이미 40여 기관에 개설된 비정규과정에서는 많은 한국어교사 후보자들이 배출되고 있어 표면적으로는 처음의 의도가 어느 정도 성취되고 있는 듯이 보이기도 한다. 그러나 언제나 그렇듯이 의도하는 바가 아무런 문제없이 의도한 결실을 맺는 경우는 그리 흔하지 않은 듯하다. 한국어교육에 관심을 가지고 공부를 시작한 예비 한국어교사들이 공부를 하는 과정에서 많은 어려움을 겪거나 좌절감을 경험하게 되는 경우를 심심치 않게 발견할 수 있기 때문이다. 그들 중의 상당수는 한국어만 알면 외국인들에게 한국어를 가르치는 일은 그리 어려운 일이 아니리라는 낙관적인 생각을 가지고 있었던 때문이라 생각한다. 한국어학과 한국어교육에 필요한 학문적 기본 소양 없이 의욕만을 가지고 발을 들여 놓았다가 공부하여야 할 내용이 많은 것에 놀라고,

알고 있다고 생각한 한국어에 대하여 자신이 알고 있는 것이 그리 많은 것이 아님에 다시 놀라곤 하는 데에서 오는 당연한 결과라 할 것이다.

본 한국어교육선서는 한국어교육을 위하여 공부를 하는 예비 한국어교사들의 불편함을 덜기 위하여 마련된 것으로, 특히 비정규교육 과정에서 공부하는 이들이 겪는 불편함을 염두에 두고자 하였다. 그리하여 집필 과정에서 다음의 몇 가지 태도를 취하기로 한다.

우선 비정규교육 과정에서 공부하는 이들이 관심을 가지는 영역이라고 할 수 있는 한국어학, 일반언어학 및 응용언어학, 외국어로서의 한국어교육론, 한국문화 등의 내용을 담을 수 있는 선서의 목록을 구성하기로 하나, 기존에 간행된 저서들 가운데 예비 한국어교사들에게 도움이 될 만한 대상이 있는 경우에는 전체 목록에서 제외하기로 한다. 다음으로 공부에 어려움을 겪는 주된 원인이 기본적인 용어의 이해부족에 있는 것으로 판단하여 한국어교육 전반을 대상으로 하여 필요한 기본 용어에 대한 간단한 해설서를 본 서의 목록에 포함하기로 한다.

그 첫 번째 작업이라고 할 수 있는 본서는 '한국어학'을 공부하는 데에 필요한 기본 용어에 대한 간단한 해설을 꾀한 책이다. 한국어교육을 위하여 공부를 하는 예비 한국어교사들 가운데 용어를 몰라 전공 서적을 읽기가 힘들다는 이들을 위하여 마련한 것이다. 같은 이야기라도 경우에 따라 쉽게 또는 어렵게 하여야 하는 경우가 있고, 변죽만 울려야 하는 경우가 있는가 하면 시시콜콜 따져 이야기하여야 하는 경우도 있다. 본서가 될 수 있으면 쉽게 그리하여 변죽만 울리고자 한 까닭은 보다 심각하고 구체적인 내용에 관해서는 전공 서적으로 미루는 것이 온당한 태도라고 생각한 때문이다. 그렇기 때문에 본서에서는 될 수 있는 대로 필자들의 견해나 의견을 배제하고자 애썼다. 전공 서적을 이해하기 위해서는 통설이나 정설 또는 기존의 학설에 대한 이해가 바탕이 되어야 한다고 판단하였기 때문이다. 해당 부분에 일일이 전거(典據)를 제시하지 않고 참고논저 목록으로 미룬 것은 읽는 이들의 번거로움을 덜기 위한 조처였지만, 어찌 보면 개별 용어의 개념을 이루어 낸 해당 분야 학자들 모두가 본서의 필자라는 의미도 가지고 있는 것이다.

쉽고 단순하게 이야기를 하고자 하였지만 예비 한국어교사들이 무엇을 어려워하고 어느 만큼 어려워하는지에 대해서는 정확히 가늠하기가 어려운 형편이라는 점에서, 본서는 독자의 참여로 이루어지는 책 그리하여 가변적인 책을 특징으로 삼기로 한다. 특히 '한국어학, 일반언어학 및 응용언어학, 외국어로서의 한국어교육론, 한국문화' 영역의 용어 해설로 이루어지는 선서에 대하여서는 독자들이 참여하여 상호간에 질의하고 응답할 수 있는 자리를 인터넷 공간(www.shingubook.com)에 마련할 예정이다. 인터넷 공간에서의 요구는 물론 질의응답의 결과를 반영한 수정, 증보, 개정도 도모할 예정이다. 아직은 갖춘 내용보다는 갖추어야할 내용이 더 많은 부족한 책이라는 의미이다. 그럼에도 불구하고 작업의 시작부터 마무리에 이르도록 여전히 가지고 있는 바람은 한국어교육에 나서려는 이들에게 조금이나마 보탬이 되었으면 하는 것이다.

부족한 내용의 책을 이만한 정도로라도 꾸미는 데에는 많은 분들의 도움이 있었다. 중앙대학교의 유해준 선생은 거친 원고의 내용을 읽어 아쉬운 부분을 채워 주었고, 서울대학교 언어교육원의 김현경 선생은 원고를 모아 정리하고 다듬는 귀찮은 일을 기꺼이 맡아 주었다. 그저 고마울 뿐이다. 볼품없는 원고를 고치고 또 고치고 다시 고치면서도 단 한마디 불평도 없었던 신구문화사의 최승복 부장과 오랫동안 원고를 기다려 주신 임미영 사장께도 감사드린다.

2010년 3월

저자 일동

차례

국어학 일반

국어의 특질 [國語의 特質]

지구 상에는 약 5,000개가 넘는 언어가 있다고 하는데, 이들 언어들 사이에는 많은 공동점도 있지만 한편으로 개별 언어의 특수성도 있다. 전자를 언어의 보편성이라고 하고 후자를 개별언어의 특수성 또는 특질이라고 한다.

언어의 보편성으로는 음성 형식과 의미 기능의 양면성을 가진다는 점, 음성적으로 자음과 모음이 있다는 점, 음운, 음절, 단어, 문장 등의 언어 단위가 있다는 점, 명사, 동사 등의 문법적 범주가 있다는 점, 긍정문과 부정문, 평서문과 의문문, 명령문 등의 구분이 있다는 점을 들 수 있다.

개별 언어인 한국어의 특질은 음운론, 형태론, 통사론, 사용 인구 및 분포 등의 측면에서 살필 수 있다.

한국어는 음운론적 측면에서 볼 때 ① 평음, 경음, 격음의 3원 대립이 있고, ② 외래어를 제외하고 어두에 'ㄹ' 이 오지 않으며, ③ 'ㅇ[ng]' 으로 시작하는 단어가 없고, ④ 어말에 자음이 두 개 이상 오지 않는다는 특징이 있다.

형태론적인 측면에서 한국어는 ① 교착어(첨가어)로 어미와 조사가 발달하고, ② 유정명사와 무정명사의 구분이 있으며, ③ 분류사(단위명사)가 발달한다는 점을 들 수 있다. 기타 인구어의 특징과 비교해 보면, 대명사의 쓰임이 덜 발달했으며, 관계대명사 · 관사 · 접속사 · 가주어가 없고 수나 성의 일치 현상이 없고 동사와 형용사의 활용이 유사하다는 특징도 있다.

한국어의 통사적 특징은 다음과 같다. ① 기본 어순은 '주어–목적어–서술어' 로 SOV 형 언어이고, ② 수식어가 피수식어 앞에 오는 좌분지 언어(left-branching language)이고, ③ 어순은 부분적으로 자유로운 편이며, ④ 담화 중심적 언어로 문맥에서 추론할 수 있는 근간 성분의 생략이 가능한 언어이고, ⑤ 핵–끝머리 언어(head-final language)이고, ⑥ 문법적 요소는 어휘적 요소 뒤에 오고, ⑦ 경어법이 발달한 언어라는 점을 들 수 있다.

사용 인구에서 한국어는 2006년 기준으로 남북한 7,107만, 중국 276만, 일본 89만, 미국 202만, 유럽 65만 등으로 추정되어 사용 인구로는 세계 13위, 언어 영향력으로는 9위에 위치한다.

교착어 [膠着語, agglutinative language]

언어의 형태적 유형의 하나.

슐라이허는 언어를 그 형태나 구조를 기준으로 교착어, 굴절어, 고립어 등으로 나누었는데, 한국어는 교착어에 속한다. 교착어는 첨가어라고 부르기도 하는데 교착어, 굴절어, 고립어의 특징은 다음과 같다.

1. 교착어 : 뜻을 나타내는 말(명사, 어간 등)에 문법적 관계를 표시하는 말(조사, 어미 등)이 붙는 언어. 예) 한국어, 일본어, 터키어

2. 굴절어 : 어떤 단어가 문장에서 사용될 경우 단어 자체가 형태를 변화해서 자신의 문법성을 나타내는 언어로 어형의 일부를 변화시키거나, 접사를 덧붙여 문장 속에서 단어가 가지는 여러 관계를 나타내는 언어. 예) 영어, 불어, 독일어

3. 고립어 : 언어의 형태적 분류의 하나. 어미변화나 접사가 없고 단지 관

념을 표시하는 말의 글 가운데에서의 위치에 따라 그 직능을 표시하는 언어. 예) 중국어 따위

띄어쓰기

글을 쓸 때, 내용의 이해를 쉽게 하고 뜻의 전달을 정확하게 하기 위해서 의미 단위를 벌려 쓰는 것.

현행 띄어쓰기는 1988년 1월에 문교부(지금의 교육부)에서 제정 고시한 「한글맞춤법」 제5장의 띄어쓰기 규정에 따르고 있다. 문장의 각 단어는 띄어 씀을 원칙으로 한다. 그러나 조사는 그 앞말에 붙여 쓴다.

의존명사는 띄어 쓴다. 의존명사는 의미적 독립성이 없으나 띄어 쓰는 것을 원칙으로 한다. 형태가 같은 것이라도 놓이는 조건에 따라 다르게 쓰이는 경우가 있다. '하늘만큼 높다, 바다만큼 넓다' 에서 '만큼' 은 조사로 붙여 쓰지만 '애쓴 만큼 얻는다, 먹을 만큼 먹어라' 에서는 의존명사로 띄어쓴다.

단위를 나타내는 명사는 띄어 쓴다. '옷 한 벌, 연필 한 자루, 학생 열 명, 자동차 한 대, 소 한 마리' 와 같이 수관형사는 띄어 쓴다. 단위를 나타내는 명사라도 순서를 나타내는 경우나 숫자와 어울리어 쓰이는 경우에는 붙여 쓸 수 있다. '삼학년, 제일과, 열한시 삼십분 오초, 107동 602호, 1999년 5월 8일, 보병 제5사단, 150원, 15미터' 등 아라비아숫자 뒤에 붙는 의존명사는 모두 붙여 쓸 수 있다.

수를 적을 때에는 '만(萬)' 단위로 띄어 쓴다(예 : '삼만 오천여 명, 15억 6789만 2345, 십오억 육천칠백 팔십구만 이천삼백사십오' 등).

두 말을 이어주거나 열거할 때에 쓰이는 다음 말들은 띄어 쓴다(예 : '국장 겸 과장, 열 내지 스물, 청군 대 백군, 이사장 및 이사들' 등).

보조용언은 띄어 씀을 원칙으로 하되 붙여 씀도 허용한다. '꺼져 간다, 도와 드린다' 와 같이 띄어 쓰는 것을 원칙으로 하되 '꺼져간다, 도와드린다' 처럼 붙여 쓸 수 있다. 보조용언의 앞말에 조사가 붙는 경우에는 보조용언을

앞말에 붙여 쓰지 않는다(예 : '음식을 먹어도 보고, 책을 읽어도 보고, 나를 도와만 준다면' 등). 보조용언의 앞말이 합성동사인 경우에는 보조용언을 앞말에 붙여 쓰지 않는다(예 : '이 속에 뛰어들어 보아라, 밀어내 버렸다, 끌려가지 않는다' 등).

성명 뒤에 붙는 호칭어, 관직명 등은 띄어 쓴다(예 : '채영신 씨, 백범 김구 선생, 이승만 대통령, 안중근 의사, 이범석 총리, 이상영 박사, 정창인 회장' 등).

성명 이외의 고유명사는 단어별로 띄어 씀을 원칙으로 하되, 단위별로 띄어 쓸 수 있다(예 : '대한 초등 학교/대한초등학교, 한국 대학교 사범 대학/한국대학교 사범대학' 등).

전문용어는 단어별로 띄어 씀을 원칙으로 하되, 붙여 쓸 수 있다(예 : '만성 골수성 백혈병/만성골수성백혈병, 중거리 탄도 유도탄/중거리탄도유도탄' 등).

문법 [文法, grammar]

언어에 내재하고 있는 규칙과 질서, 또는 그것을 연구하는 학문.

문법은 언중(言衆)이 언어를 구사하는 데 필요한 모든 규칙과 정보의 집합 및 그 언어의 문법현상을 기술(記述)한 것으로, 연구하는 대상과 태도에 따라 다음과 같이 분류된다.

① 기술문법 : 특정한 시기의 한 언어 상태를 있는 그대로 기술하는 문법으로, 언중의 언어표현에서 추출된 것을 정리함으로써 어떤 체계적인 사실을 밝히려는 학문이다.

② 규범문법 : 언어생활을 올바르게 하기 위하여, 규칙을 설정하고 그것을 지키도록 한 문법으로, 표준문법 · 학교문법도 규범문법에 포함시킬 수 있다.

③ 역사문법 : 시대에 따라 발달해 온 문법현상의 변천과정을 연구하는 문법이다.

④ 일반문법 : 각 언어의 다양한 문법연구를 통하여 대다수의 언어에 나타나는 공통적인 현상을 다루는 문법이다.

⑤ 비교문법 : 친족 관계에 있는 언어의 문법적 사실을 비교 · 연구하여 공통 조어를 밝히는 것을 목적으로 하는 문법이다. 그리고 다른 계통의 언어들을 비교하여 연구하는 것을 특히 대조문법이라고 한다.

문자론 [文字論, graphonomy]

문자에 관해 연구하는 언어학의 한 분야로, 문자의 특성, 기능, 기원, 변천의 여러 법칙 등에 대하여 구명하고, 문자 연구를 위하여 필요한 개념과 범주들을 설명하고 밝히는 것을 주요 과제로 삼는 분야.

문자는 단어의 소리와 뜻 중에서 어느 것을 주로 나타내는 것인가에 따라 표의 문자(表意文字)와 표음 문자(表音文字)로 나뉜다. 표의 문자는 단어의 음과 뜻 중에서 뜻을 나타내는 기능이 강한 문자로, 그림 문자, 상형 문자, 단어 문자 등이 있다. 표의 문자는 의미를 파악하기가 쉽다는 장점이 있고, 배우기가 힘들고 쓰기가 힘들다는 난점이 있다.

표음 문자는 단어의 음소나 음절을 나타내는 문자로, 음절 문자와 음소 문자로 나뉜다. 표음 문자는 배우기가 용이하고 쓰기가 편리하다는 장점이 있는 반면에 뜻을 파악하기가 어렵다는 단점이 있다.

문자들 중에서 역사가 가장 오래 된 것은 그림 문자이고, 가장 짧은 것은 음소 문자이다. 그림 문자는 현실 속에 존재하는 사물의 모양을 그려서 어떤 의미를 나타내는 문자인데, 한 개의 단어가 구문의 흐름에서 다른 단어를 수반하는 것과 같은 순서로 하나의 그림은 다른 그림을 수반한다. 어떤 그림이 문자가 되려면 그 그림이 언어의 일정한 단위와 긴밀한 대응 관계를 가져야 한다.

상형 문자는 물체의 모양을 본떠서 만든 글자로, 수메르 문자, 고대 이집트 문자, 한자, 히타이트 문자 등이 이에 해당한다. 상형 문자는 어떤 물체를 구별하여 그림으로 나타내야 하므로 만들어 쓰는 데 많은 제약을 받으므로 이러한 제약을 극복하기 위하여 표기 방식이 일정한 기호로 간소화되었다.

단어 문자는 한 글자가 한 단어에 해당하는 문자로, 한자가 이에 해당한다. 근대에 이르러서는 중국에서도 한자 한 글자에 반드시 한 단어가 대응하지 않게 되었는데, 이는 둘 또는 그 이상의 문자가 결합하여 많은 복합어를 만들어 냈기 때문이다.

음절 문자는 하나의 문자가 하나의 음절에 대응하는 것으로, 일본의 가나와 사이프러스 문자가 이에 속한다. 음소 문자는 하나의 글자가 하나의 음소에 대응하는 것으로 문자들 중에서 가장 작은 언어 단위를 나타내는 문자이다. 한글, 그리스 문자, 로마자, 몽골 · 만주 문자, 키릴 · 러시아 문자 등이 이에 해당된다.

다른 나라의 글자를 빌려서 음성 언어를 표기하는 것을 차자표기(借字表記)라고 한다. 우리나라는 훈민정음 창제 이전에는 중국의 글자인 한자의 음과 훈을 빌려서 우리말을 표기하였다. 차자표기법에는 향찰(鄕札)표기법, 이두(吏讀)표기법, 구결(口訣)표기법 등이 있다.

문장부호[文章符號]

문장의 뜻을 돕거나 문장을 구별하여 읽고 이해하기 쉽도록 하기 위하여 표기법의 보조수단으로 쓰이는 부호.

현재 가장 널리 쓰이는 문장부호는 다음과 같다(2개의 부호가 있을 때 앞의 것은 가로쓰기에서, 뒤의 것은 세로쓰기에서 사용되는 부호이다.).

1) 마침표

① 온점(.), 고리점(。) : 서술, 명령, 청유 등을 나타내는 문장의 끝에 쓸 때, 아라비아 숫자만으로 연월일을 표시할 때(예 : 1919. 3. 1. 등), 표시 문자 다음에 쓸 때(예 : 1. 마침표 ㄱ. 물음표 등), 준말을 나타낼 때(예 : Mr. 등)

쓰인다.

② 물음표(?) : 직접 질문할 때, 반어나 수사 의문(修辭疑問)을 나타낼 때 또는 가벼운 감탄을 나타낼 때 쓰인다.

③ 느낌표(!) : 감탄이나 놀람, 부르짖음, 명령 등 강한 느낌을 나타낼 때 쓰인다.

2) 쉼표

① 반점(,), 모점(、) : 같은 자격의 어구가 열거될 때, 바로 다음의 말을 꾸미지 않을 때, 대등하거나 종속적인 절이 이어질 때, 제시어 다음에 쓸 때, 문장 첫머리의 접속이나 연결을 나타내는 말 다음에 쓸 때, 문맥상 끊어 읽어야 할 때, 정수 단위의 숫자를 세 자리마다 구분할 때 쓰인다(예 : 1,000,000 등).

② 가운뎃점(·) : 쉼표로 열거된 어구가 다시 여러 단위로 나누어질 때, 특정한 의미를 가지는 날을 나타낼 때(예 : 3 · 1 운동 등) 쓰인다.

③ 쌍점(:) 내포되는 종류를 들 때(예 : 문방사우 : 붓, 먹, 벼루, 종이 등), 소표제 뒤에 간단한 설명이 붙을 때, 저자명 다음에 저서명을 적을 때, 시(時)와 분(分) · 장(章)과 절(節) 등을 구별할 때 쓰인다.

④ 빗금(/) : 대응, 대립되거나 대등한 것을 함께 보이는 단어와 구, 절 사이에 쓰이거나(예 : 남궁만 / 남궁 만, 착한 사람 / 악한 사람 등) 분수를 나타낼 때 쓰인다(예 : 3/4분기, 3/20 등).

3) 따옴표

① 큰따옴표(“ ”), 겹낫표(『 』) : 글 가운데서 직접 대화를 표시할 때나 남의 말을 인용할 경우에 쓰인다.

② 작은따옴표(‘ ’), 낫표(「 」) : 따온 말 가운데 다시 따온 말이 들어 있을 때나 마음속으로 한 말을 적을 때 쓰이고, 문장에서 중요한 부분을 두드러지게 하기 위해 드러냄표 대신 쓰기도 한다.

4) 묶음표

① 소괄호(( )) : 원어 · 연대 · 주석 · 설명 등을 넣을 때(예 : 커피(coffee)는 기호 식품이다. 등), 기호나 기호적인 구실을 하는 문자 · 단어 · 구에 쓰인다.

② 중괄호({ }) : 여러 단위를 동등하게 묶어서 보일 때 쓰인다.

③ 대괄호([ ]) : 묶음표 안의 말이 바깥 말과 음이 다를 때(예 : 나이[年齡] 등)나 묶음표 안에 또 묶음표가 있을 때 쓰인다.

5) 이음표

① 줄표(—) : 이미 말한 내용을 다른 말로 부연하거나 보충함을 나타낸다.

② 그 외에 붙임표(-), 물결표(~) 등이 있다.

문체 [文體, style]

글쓴이의 사상이나 개성이 글에 표현된 전체적인 특색 또는 글의 체제.

어떤 문장의 지적 내용(知的內容)은 같더라도 정적 내용(情的內容)과 그것이 주는 느낌이 다른 경우가 있는데 이는 바로 문체가 다르기 때문이라고 할 수 있다.

문체를 분류하는 통일적인 기준은 없으나 관점에 따라 다음과 같이 문체의 종류가 설정될 수 있다. 수사학(修辭學)적으로는 길이에 따라 간결체(簡潔體) · 만연체(蔓衍體)로 분류되고, 글의 느낌에 따라 강건체(剛健體) · 우유체(優柔體)로, 수식의 유무에 따라 화려체(華麗體) · 건조체(乾燥體) 등으로 분류된다. 그리고 특수용도 및 사용집단에 따라 서간문체 · 신문문체 · 법률문체 · 속어체(俗語體) · 아문체(雅文體) 등으로 구분되며, 문예양식에 따라 산문체(散文體) · 운문체(韻文體) 등으로 분류된다. 또한 문법과 어휘의 특징에 따라 구어체(口語體) · 문어체(文語體) · 한문체(漢文體) · 국한문혼용체(國漢文混用體) 등으로 구분될 수 있다.

방언론[方言論]

지역 방언과 사회 방언을 연구 대상으로 하는 한국어학의 한 분야.

방언(方言)이란 기본 문법이 동일하면서 체계적인 차이를 지니고 있으나 서로 이해할 수 있는 언어의 형태를 말하며, 방언은 방언의 분화 요인에 따라 지역 방언(地域方言)과 사회 방언(社會方言)으로 나뉜다. 지역 방언은 지역적 장애로 인하여 처음에는 동일하였던 언어가 음운, 어휘, 문법 등의 차이를 지니게 된 방언이고, 사회 방언은 사회 계층, 연령, 성, 종교, 인종 등과 같은 사회적 요인으로 인하여 형성된 방언이다.

한국어 방언론의 연구 목표는 지역 방언과 사회 방언의 특성을 밝히고, 고어(古語)를 재구하여 한국어사 연구에 기여하며, 지역 · 세대 · 사회 계층 · 성별 간 의사소통이 효과적으로 이루어질 수 있는 방안을 연구하는 데 있다.

방언 연구 방법론에는 전통방언학적 방법론, 구조방언학적 방법론, 생성방언학적 방법론 등이 있다. 전통방언학적(傳統方言學的) 방법론은 언어의 지리적 분포 상태를 파악하여 단어의 역사적 단계를 재구하고, 언어 변화의 내면에 존재하는 규칙과 원인을 규명하기 위하여 방언 연구 목적 설정, 조사 항목 설정, 질문지 작성, 조사 지점 선정, 제보자 선정 및 면담, 자료 수집 및 정리, 방언 자료집과 언어 지도 간행 등의 절차를 밟아 연구하는 것이다.

구조방언학적(構造方言學的) 방법론은 언어 형식을 체계나 구조의 일부분으로 간주하고, 방언의 차이에 대하여 구조적으로 접근하는 것으로, 방언 체계 간의 유사점과 차이점, 그런 유사점과 차이점을 가지게 된 구조적인 변화의 요인, 결과를 구명하는 것이다.

생성방언학적(生成方言學的) 방법론은 친근 관계에 있는 방언들의 기저형을 설정하고, 그 기저형에 적용되는 음운 규칙과 그 규칙이 적용되는 순서 등에 대하여 연구하는 것이다.

언어 지도(言語地圖)는 언어의 발음, 음운, 어휘, 문법 등의 현상이 각 지점에서 어떤 방언형으로 나타나는지를 보여 주는 지도로, 여러 방언형의 지리적 분포를 보여 주는 것이고, 등어선(等語線)은 어떤 언어 특징이 차이를 일으키는 두 지역을 가르는 분계선이다. 전통방언학(傳統方言學)이나 방언지리학(方言地理學)의 주요 관심사는 어떤 언어 특질이 서로 다른 두 지역의 경계를 나타내는 등어선을 찾아내는 것이다.

외래어표기법 [外來語表記法]

외래어를 한글로 표기하는 방법.

외래어는 외국에서 들어온 말로 국어처럼 쓰이는 단어를 가리킨다. 외국어에서 온 말이라는 점에서 특수성을 가지고 있으나 한국어 문맥 속에서 한국어식으로 발음될 뿐만 아니라 본래 가지고 있던 뜻이 변하여 사용되기도 한다는 점에서 한국어 어휘의 일부이다. 외국어는 다른 나라의 말을 통틀어 말하는 것이지만 외래어는 외국어에서 온 것이기는 하나 국어 어휘의 일부가 되어 사전에도 어휘 항목으로 올라 있는 말이라는 점에서 분명한 차이가 있다. 외래어도 한국어의 일부인 이상 원칙을 마련하여 표기하는 것이 언어 사용 면에서 혼란을 없애고 일체감을 만들 수 있다. '원어의 발음과 가깝게'라는 원칙보다 더 중요한 것이 규칙성, 예측 가능성이므로 외래어의 표기를 고정하고 통일하기 위해서 만든 규정인 외래어표기법이 필요한 것이다.

일부에서는 외래어도 외국에서 온 말이므로 외국어의 본음을 살려서 표기해야 하고, 한글 자모로 표기하기 어려운 [f], [v] 같은 소리는 새로운 자모를 만들어 적어야 한다고 주장하기도 한다. 그러나 외래어를 표기하기 위해서 특별한 글자나 기호를 만들어서까지 원음에 충실하게 표기한다는 것은 무리한 부담만 안길 뿐이며, 그렇게 한다고 해서 원음에 충실해지는 것도 아니므로 국어의 현용 24자모만으로 적도록 되어 있다.

외래어표기법에서는 다음의 다섯 가지를 표기의 기본 원칙으로 삼고 있다.

① 국어의 현용 24자모만으로 적는다.

② 외래어의 1음운은 원칙적으로 1기호로 적는다.

③ 받침에는 'ㄱ, ㄴ, ㄹ, ㅁ, ㅂ, ㅅ, ㅇ' 만을 적는다.

④ 파열음 표기에는 된소리를 쓰지 않는 것을 원칙으로 한다.

⑤ 이미 굳어진 외래어는 관용을 준용하되, 그 범위와 용례는 따로 정한다.

음운론 [音韻論, phonology]

언어음의 구조와 체계에 관한 연구.

우리는 '소리' 라는 수단을 통하여 전달하고자 하는 의미를 표현한다. 인간의 말소리를 대상으로 하는 학문으로 음성학(音聲學)과 음운론이 있다. 음성학은 언어에 쓰이는 소리, 즉 사람의 입을 통하여 나오는 말소리를 과학적으로 연구하는 분야이다. 음성학에서는 사람들이 낱말이나 문장을 발화할 때 발음기관이 어떻게 움직이고, 청자가 말소리를 어떻게 듣는지 등을 밝혀내는 것을 목적으로 한다. 반면에 음운론은 말의 뜻을 구별해 주는 소리의 가장 작은 단위인 '음운(音韻)' 또는 '음소(音素)' 를 연구하는 학문이다. 음운론에서는 사람들의 머릿속에 들어 있는 말소리에 관한 지식이 무엇인지 밝혀내는 것을 목적으로 한다. 따라서 음운론에서는 어휘의 의미를 변별하는 기능을 가진 음운 목록이 무엇이고 이 음운들이 어떤 체계를 이루고 있는지, 말소리들이 연결될 때 어떤 제약이 있으며 연결될 때 나타나는 음운 현상들을 어떻게 규칙화할 것인지 등이 주요 관심 대상이 된다.

음성학과 음운론은 연구 대상이나 목표가 다르지만 서로 밀접한 관계를 맺고 있다. 예를 들어서 한국어의 말소리를 조음 음성학적인 관점에서 체계적으로 기술하려면 우선 국어의 음운과 변이음 목록을 작성해야 하는데 이러한 목록을 작성하는 일은 음운론의 연구 영역에 속한다. 그러나 음성학적인 지식이 없거나 훈련을 받지 못한 사람들은 각 음운의 변이음들을 구별해서 들을 수 없으므로 변이음 목록을 작성할 수 없다.

첨가어 → 교착어

통사론[統辭論, syntax]

언어의 단위 중 문장을 대상으로 하는 분야로서 단어들이 문장을 이루는 방법을 연구하는 언어학의 한 분야. 구문론이라고 부르기도 하며 형태론과 함께 문법의 양대 부문의 하나로, 여기에 음운론을 합하여 3대 부문의 하나로 간주되기도 한다.

통사론은 세부적으로 단어나 문법 요소들이 결합하여 문장의 성분을 이루는 일, 그리고 주어, 서술어, 목적어 등의 문법 기능을 나타내며 문장의 구조를 이루는 규칙과 절차를 다룬다.

문법을 형태론과 통사론으로 나누게 된 것은 구조주의 언어학에 따른 것이다. 1960년대 이후 변형생성문법이 나오면서 통사론이 활발하게 연구되었다. 국어에서 형태론과 통사론을 독립적으로 다루는 것은 통사론 연구의 관점에서 보면 어려운 일이다. 예를 들어 국어의 조사나 어미는 형태론의 대상으로 간주되겠지만 문장 구성 방식을 규명하는 데 반드시 다루어야 할 부분이기 때문이다. 따라서 많은 문법서에서 형태론과 통사론을 묶어서 문법론으로 다루고 있다.

표음주의[表音主義]

단어를 소리 나는 대로 적어야 하고, 단어의 각 음소를 충실히 표기해야 한다는 주의.

예를 들어 '닭이'는 [달기]로, '닭도'는 [닥또]로, '닭만'은 [당만]으로 발음되는데 이것들을 그 발음에 따라 '달기, 닥또, 당만' 등으로 표기하는 것이 표음주의적 원리에 의거한 표기이다. 표음주의적 표기법은 글을 쓰는 사람들이 발음되는 대로 표기하기만 하면 되므로 쓰는 이들에게는 편리하나, 사람에 따라 발음이 다르면 일정한 형태소의 표기가 다를 뿐만 아니라 형태소의 경계가 불분명하기 때문에 독자가 그것을 이해하는 데 어려움을 겪게 된다는 단점이 있다.

한글맞춤법

한국어를 한글로 표기할 때 지켜야 할 규칙.

'맞춤법'을 '정서법(正書法)' 또는 '철자법(綴字法)'이라고도 한다. 현재 사용하고 있는 한글맞춤법은 1988년에 개정하여 1989년 3월 1일부터 글쓰기에 적용하고 있다.

한글맞춤법의 원리는 총론 제1항에 '한글맞춤법은 표준말을 그 소리대로 적되 어법에 맞도록 함으로써 원칙을 삼는다.'와 같이 명시되어 있다.

한글맞춤법은 표준어(교양 있는 사람들이 두루 쓰는 현대 서울말)를 대상으로 한다는 것으로, 우리 국민의 공통적인 표준말을 맞춤법 규정의 대상으로 삼고 있다.

표준어를 소리 나는 대로 적는다는 것은 표준어의 발음 형태대로 적는다는 뜻이다. 맞춤법이란 주로 음소 문자(音素文字)에 의한 표기 방식을 이르는 것이므로 자음과 모음의 결합 형식에 의하여 표준어를 소리대로 표기하는 것이 근본 원칙이다. 이는 표음주의적(表音主義的) 원리인데 표준어를 소리대로 적는다는 원칙만을 적용하기 어려운 경우도 있다. 예를 들어서 '꽃(花)'이란 단어는 그 발음 형태가 [꼬ㅊ], [꼳], [꼰]으로 나타날 수 있는데, 이것을 소리대로 적는다면 그 뜻이 빨리 파악되지 않아 독서의 능률이 크게 저하되므로 어법에 맞도록 한다는 또 하나의 원칙이 붙은 것이다.

'어법에 맞도록 함'이라는 말은 결국 뜻을 파악하기 쉽도록 하기 위하여 각 형태소의 본 모양을 밝혀 적는다는 말로, 표의주의적(表意主義的) 원리에 따라 표기하여야 함을 뜻한다. 맞춤법에서는 각 형태소가 지닌 뜻이 분명히 드러나도록 하기 위하여, 그 본 모양을 밝혀 적는 것을 또 하나의 원칙으로 삼은 것이다.

우리나라에서는 20세기에 들어서까지도 한글은 '소리대로' 적는 방식으로 운용되었다. 오늘날처럼 '어법대로' 적는 방식이 정착된 것은 1933년에 '한글맞춤법 통일안'이 제정된 이후이다.

'한글맞춤법'이란 우리말을 '한글'로 적을 때 지켜야 할 기준을 정하여 놓은 것이다. 한글로 적는 방법에는 형태소의 본 모양, 곧 원형을 밝혀서 어법대로 적는 방법과 소리대로 적는 방법이 있다.

국어 정서법 · 국어 정자법(正字法)이라고도 하는 한글맞춤법의 기본은 『훈민정음(訓民正音)』에 규정되어 있다. 즉, 한글 자모 하나하나에 대해 쓰는 방법을 정한 것, 이들을 음절 단위로 합자하여 쓰게 한 것 등이 그것이다.

19세기 말 교과서가 만들어지고 한글 신문이 간행됨에 따라 국가적 차원의 맞춤법 제정이 필요하게 되었다. 이에 1907년 학부 안에 국문연구소를 설치, 1909년 8명의 연구위원이 국문연구의정안을 보고하였다. 이 안은 받침에 'ㄷ, ㅈ, ㅊ, ㅋ, ㅌ, ㅍ, ㅎ'을 쓰고 된소리 표기에 'ㅺ, ㅼ, ㅽ, ㅾ'을 버리며 'ㄲ, ㄸ, ㅃ, ㅆ, ㅉ'을 쓰도록 하여 오랜 전통을 깼다는 데 특징이 있다. 그러나 이 안은 공포, 실시되지 못하고 국권피탈을 맞아 사장되었다. 국권피탈 후 일제는 조선어 교과서를 만들었고 이에 통일된 한글맞춤법이 필요하게 되어 '보통학교용 언문철자법'이라는 맞춤법통일안을 만들어서 1912년 4월 공포하였다. 이 표기법은 받침으로는 'ㄱ, ㄴ, ㄹ, ㅁ, ㅂ, ㅅ, ㅇ, ㄺ, ㄻ, ㄼ'만 허용하고 된소리 표기를 'ㅺ, ㅼ' 처럼 하여 19세기 말까지의 전통적 표기법으로 돌아간 면이 있었다. 반면 'ㆍ'를 폐기한 것은 진일보한 면이었다. 보통학교용 언문철자법은 이후 1921년 '보통학교용 언문철자법대요'라는 이름으로, 1930년 2월에는 '언문철자법'이라는 이름으로 개정되었는데, 언문철자법은 된소리는 'ㄲ, ㄸ, ㅃ, ㅆ, ㅉ'의 병서로 하고, 받침은 'ㄷ, ㅌ, ㅈ, ㅊ, ㅍ, ㄲ, ㅆ, ㄵ, ㄶ, ㅀ, ㅄ'을 더 쓰며 어간과 어미, 체언과 토는 구분하여 적도록 하여 3년 뒤 만들어지는 한글맞춤법통일안에 매우 접근하였다.

한편 주시경의 선구적 국어 연구에 영향을 받아 조직된 조선어연구회가 1931년 이름을 조선어학회로 바꾸고 주된 사업으로 맞춤법통일안의 제정에 착수, 1933년 11월 한글맞춤법통일안을 제정하였는데 받침에 'ㅋ, ㅎ, ㄶ, ㅀ, ㅆ'을 더 쓰게 한 것을 비롯하여 언문철자법보다 더 철저하게 기본형과 어원을 살려 표기하는 입장을 취하였다. 총론 제3항에 띄어쓰기 규정을 두어 처음으로 띄어쓰기 시대를 열었다. 조선어학회에서 공포한 한글맞춤법통일안은 지지를 얻어 8·15광복 이후에도 그대로 사용되었는데, 독립정부가 수립된 후 국가는 이를 채택하여 고시하지 않고 필요할 때마다 약간의 보충만 하였다. 또한 한글맞춤법통일안은 공포 이후 수십 년의 세월이 흐르는 동안 언어도 많이 변화하여 한글맞춤법통일안을 그대로 쓸 수 없게 되었다.

정부는 1970년부터 본격적인 한글맞춤법 검토에 들어가 약 17년에 걸친 작업 끝에 1933년의 안 가운데 불필요한 규정을 삭제하고 미비한 규정은 보완하며 현실에 뒤떨어진 규정은 일부 바꿔, 1988년 1월 19일 한글맞춤법을 고시, 1년의 유예기간을 거쳐 1989년 3월부터 시행하였다.

한글맞춤법통일안

조선어학회가 1933년 완성한 국어의 맞춤법 체계.

1930년 12월 13일 총회의 결의로 한글맞춤법통일안 제정작업에 착수하여 3년에 걸쳐 토의·정리한 안을 1933년 10월 19일 확정하고 29일 『조선어 철자법 통일안』이라는 책으로 발간했다. 8·15해방 후 1948년 정부수립과 함께 공식적으로 채택되어 한국 정서법의 법전이 되었다. 제정위원으로 권덕규·김윤경·박현식·신명균·이극로·이병기·이희승·이윤재·장지영·정열모·정인섭·최현배 등이 2년간 심의하여 원안을 만들었고 개성에서 원안을 심의하여 제1독회(第一讀會)를 마치고, 수정위원을 선임해 이들이 만든 수정안을 바탕으로 1933년 정리위원 9명(권덕규·김선기·김윤경·신명균·이극로·이윤재·이희승·정인섭·최현배)이 최종안을 확정했다. 통일안이 마련되던 당시의 실질적인 개혁내용은 ‘ㆍ’(아래아)를 폐기한 것과 된소리 표기법을 각자병서 ‘ㄲ, ㄸ, ㅃ, ㅆ, ㅉ’로 통일하여 표기하게 한 것이다.

한글맞춤법통일안의 구성은 총론, 각론 7장 63항과 부록 2항(표준어 · 문장부호)으로 이루어졌다. 총론에서는 ① ‘표준어를 소리대로 적되, 어법에 맞도록 함’을 정서법의 기본원칙으로 정하고, ② 표준어를 현재 중류사회의 서울말로 정의하며, ③ 각 단어는 띄어 쓰되 토는 그 앞의 단어에 붙여 쓴다는 내용으로 구성되어 있다. 각론은 모두 7장으로 각각 자모 · 성음 · 문법 · 한자어 · 준말 · 외래어표기 · 띄어쓰기에 대한 규정을 조문과 함께 예를 들고 있다. 부록1은 표준어, 부록2는 부호에 대한 규정이다.

한글맞춤법통일안의 핵심은 3장 ‘문법에 관한 것’에 있는 규정들로 ‘굴절 · 파생 · 합성’에 관한 것들을 다루고 있다. 소리 나는 대로 적는 몇 가지 경우를 제외하고는 어간 · 접사 등 각 형태소는 구별 표기해야 하며, 동일한 형태소는 동일한 표기형식에 의해 대표되어야 한다는 기본원리가 반영되어 있다. 결국 음절단위에 따라 소리 나는 대로 적는 음소적 표기를 하되, 체언과 용언의 어간은 그 형태소의 기본형으로 표기를 고정하는 형태음소적 표기를 행하는 것이다. 이러한 원리는 그 당시 문법가들의 우리말 형태론 연구의 성과가 그대로 반영된 것으로, 지금의 맞춤법에도 큰 변화 없이 적용되고 있다.

한글맞춤법통일안은 그 후 계속 부분적으로 수정되었다. 1937년 용어와 예문을 새 표준어로 바꾸었고, 1940년 사역접미사 ‘후’를 ‘추’로 고쳤으며 ‘사이시옷’을 쓰기로 했다. 1946년 몇 개의 단서 조항이 더해지고, ‘사이시옷’이 폐지되었다. 1948년 전문이 한글판으로 다시 나왔고 1958년 문법용어를 문교부 제정 용어로 바꾸었다. 한편 1979년 전면적인 재검토에 들어가 문교부에서 1988년 1월 14일 개정안인 ‘한글맞춤법’이 ‘표준어규정’과 함께 문교부 고시 제88-1호로 발표되었는데 사전에 올릴 때의 자모순을 정하고, 두음법칙의 규정을 자세하게 정했으며, 어미의 형태, 부사화 접미사, 준말, 띄어쓰기 등의 미비점을 보완하고 구체적인 규정을 덧붙였다.

형태론[形態論, morphology]

언어의 단위인 형태소와 단어를 대상으로 단어의 내적구조와 단어의 형성 방법(조어법)을 연구하는 언어학의 한 분야.

전통적인 형태론은 어형론(accidence)이라고 하여 어형 변화 또는 굴절 방법을 연구 대상으로 삼았는데, 이런 좁은 의미의 형태론은 굴절형태론이라고 하고, 단어 구성까지 포함하는 넓은 의미의 형태론과 구별하기도 한다.

화용론[話用論, pragmatics]

문장과 맥락 사이의 상호작용 과정에서 발생하는 언어 사용 과정의 의미를 체계적으로 다루는 분야.

다시 말해 화용론이란 화자, 청자, 시간, 장소로 구성되는 맥락에서의 언어 사용을 다루는 의미 이론이라고 할 수 있다.

화용론의 연구 분야는 학자에 따라 의견이 일치하지 않는데, 일반적으로 화자의 시공간적 입장이 기준점이 되어 사물을 직접 가리키는 단어나 문법 자질을 다루는 직시(deixis), 문장의 진위치와 관계없이 항상 참인 명제인 전제(presupposition), 발화된 문장의 일부분이 아닌데도 그 문장의 발화에 의해 암시되는 명제인 함축(implicature), 언어를 통해 이루어지는 행위인 화행(speech act) 등이 포함된다. 화용론은 넓은 의미의 의미론에 포함하여 다루기도 한다.

한국어 음운론

강세 [强勢, stress]

소리를 발음할 때 들어가는 물리적인 힘의 강도와 지각적 크기를 나타내는 단위.

같은 모음이라도 강세를 받는 모음이 강세를 받지 않는 모음보다 더 강하게 발음되어 더 크게 들린다. 언어에 따라서 이러한 강세의 차이에 의해 의미, 품사, 시제 등이 구별되는 단어 쌍도 있지만, 한국어의 경우에는 강세에 의해 의미가 달라지는 단어 쌍은 없다. 그러나 강세의 위치를 잘못 두는 경우에는 말소리가 어색하게 들리는 경우가 있을 수 있다.

강세가 부여되는 단위를 보면, 영어의 경우에는 각 단어마다 강세를 가지고 있어 단어가 강세의 단위가 되지만, 한국어는 강세가 각 단어에 부여되기보다는 '말토막' 이라는 단위로 하여 강세가 놓인다. 말토막의 최소 형태는 강세 음절이 하나로 구성되며, 그보다 큰 형태는 강세 음절의 앞이나 뒤에 하나 또는 그 이상의 약음절로 되어 있다. 이러한 말토막 구조 내에서 강세 음절이 주변의 약음절보다 돋들리게 되는데, 강세 위치는 말토막 내에 있는 음절의 구조와 모음의 장단에 의해서 결정된다.

한국어에서는 낱말의 첫 음절에 강세가 오는 경우가 많은데, 특히 단음절어나 2음절어의 경우는 첫 음절에 강세가 온다.

세 음절 이상으로 된 낱말의 경우는 첫 음절이 받침이 없고 모음이 짧게 발음되면 강세는 둘째 음절에 오기도 한다.

예 : ´백화점, ´분명하다
대´학교, 기´다리다

한국어의 강세는 매우 규칙적으로 부과되므로 이러한 강세 규칙의 차이를 이해시키고 발음 지도를 하면 훨씬 자연스러운 한국어 발음을 할 수 있게 된다. 그런데 외국인들에게 강세 위치를 가르칠 때 한 가지 주의해야 할 것은 앞서 언급한 강세 위치는 일반적인 경향만을 보여 준다는 점이다. 한국어의 강세는 단어 내의 강세 위치가 일정하게 정해진 것이 아니라 발화의 속도, 즉 말토막이 몇 개로 구성되어 있는가에 따라 해당 음절에 강세가 있을 수도 있고 없을 수도 있다.

격음 [激音, aspiration]

숨이 거세게 나오는 파열음. 이를 '거센소리' 라고도 한다.

국어의 격음인 /ㅍ, ㅌ, ㅋ, ㅊ/는 음절 내의 위치에 따라 변이음을 갖는다.

• [pʰ, tʰ , kʰ, tʃʰ]

'표, 터, 코, 차' 등과 같이 음절 초의 /ㅍ, ㅌ, ㅋ, ㅊ/는 유기의 음가를 갖는다.

• [p˺, t˺, k˺]

'숲, 낱, 부엌, 낯' 과 같이 /ㅍ, ㅌ, ㅋ, ㅊ/가 음절 말에 위치할 경우 파열이 발생하지 않아 [수프, 나트, 부어크, 나츠]처럼 되지 않고 [숩, 낟, 부억, 낟]이 된다. 음절 말의 /ㅊ/은 종성규칙에 의해 /ㄷ/로 실현된다. 이 변이음은 음절 말에서만 아니라 어중에서 다른 장애음(파열음, 마찰음, 파찰음)이 뒤따라올 때도 동일하게 실현되며, 후속하는 장애음 평음들에 대해 경음화를 일으킨다(예 : 숲과 : /sup˺kwa/ → [sup˺k′wa]).

경구개음 [硬口蓋音, palatal]

혀의 앞부분을 경구개에 접촉하여 내는 자음.

입천장에서 내는 소리를 구개음이라고 하는데, 구개 부분은 윗잇몸에서부터 목젖까지를 가리킨다. 딱딱한 앞쪽 부분은 경구개(硬口蓋, hard palatal)라고 하고, 뒤쪽 부분은 연구개(軟口蓋, soft palate 또는 velum)라고 하는데, 보통 구개음이라고 하면 경구개음을 일컫는다. 한국어에서는 /ㅈ, ㅉ, ㅊ/가 이에 해당된다.

경음 [硬音, fortis]

후두 근육을 긴장하거나 성문을 폐쇄하여 내는 음. 이를 '된소리' 라고도 한다.

국어의 경음인 /ㅃ, ㄸ, ㄲ, ㅆ, ㅉ/는 음절 내의 위치에 따라 다음의 변이음을 갖는다.

- [p′, t′, k′, s′, tʃ′]

'뿔, 딸, 꼴, 쌀, 쪽' 등과 같이 음절 초의 /ㅃ, ㄸ, ㄲ, ㅆ, ㅉ/는 무성 무기 경음의 제 음가를 갖는다.

- [k˺, t˺]

/ㅃ, ㄸ, ㅉ/은 음절 말에 오는 일이 없으며, '밖, 갔' 과 같이 /ㄲ, ㅆ/가 음절 말에 위치할 경우 파열이 발생하지 않아 [바끄, 가쓰]처럼 되지 않고 [박, 갇]이 된다. 이 변이음은 음절 말에서만 아니라 어중에서 다른 장애음이 뒤

따라올 때도 동일하게 실현되며, 후속하는 장애음 평음들에 대해 경음화를 일으킨다(예 : 밖과 : /pak˺ kwa/ → [pak˺k'wa]).

공명음 [共鳴音, resonant sound]

성도 안에서 날숨의 흐름이 구강이나 비강에서 발생하는 장애로부터 비교적 자유로운 상태로 조음되는 비장애음.

공명음은 조음방법에 따라 비음, 탄설음, 설측음, 활음으로 분류할 수 있다.

'비음'은 연구개를 내린 상태에서 기류가 비강과 구강을 동시에 통과하면서 조음되고, '비강 폐쇄음'이라고도 한다. 이는 '비음' 조음 시 구강에서는 폐쇄음과 동일한 방식으로 기류의 장애가 형성되므로 기류가 구강뿐만 아니라 비강도 통과한다는 점을 제외하면 '구강 폐쇄음'과 조음방법이 동일하기 때문이다. 한국어의 비음에는 양순음 /ㅁ/, 치조음 /ㄴ/, 연구개음 /ㅇ/이 있다.

한국어의 /ㄹ/은 음절 초성에서는 '탄설음'으로 발음되고 음절 종성에서 또는 반복되어 겹자음을 형성하는 경우에는 '설측음'으로 발음된다. 한국어의 탄설음[ɾ]과 설측음[l]은 조음위치는 같지만 조음방법에는 차이가 있다. 탄설음은 혀끝이 치조를 매우 빠른 속도로 가볍게 치면서 조음되고, 설측음은 구강을 통과하는 기류가 혀의 가운데 부분에 막혀 양 옆으로 빠져 나가면서 조음되는 소리이다.

'활음'은 마찰음과 같이 기류의 통로가 좁아서 협착이 일어나지만 마찰음보다는 협착의 정도가 약한 분절음이다. 그러나 모음과 같이 구강을 완전히 개방하는 것이 아니므로 자음의 기준에서는 가장 모음에 가까운 자음이고 모음의 기준에서는 가장 자음에 가까운 모음이므로 '활음' 대신 '반모음'이라고 부르기도 한다. 한국어의 활음에는 [j]와 [w]가 있는데 이들은 주로 모음 앞에 결합하여 상향이중모음을 형성한다. 활음 [j]와 [w]의 조음위치는 각각 모음 [i], [u]와 같은데, 자음의 조음위치를 기준으로 보면 [j]는 경구개음, [w]는 둥글게 내민 입술과 연구개의 협착 부위에서 동시에 조음되는 순연구개음으로 볼 수 있다.

구개음화 [口蓋音化, palatalization]

한국어의 음절말 자음 /ㄷ, ㅌ/가 /ㅣ/ 모음 앞에서 /ㅈ, ㅊ/로 바뀌는 현상.

한국어의 형태소 끝 자음 /ㄷ, ㅌ/는 /ㅣ/로 시작하는 의존 형태소(조사, 어미, 접미사) 앞에서 구개음화되어 /ㅈ, ㅊ/로 바뀌는데 이를 'ㄷ-구개음화'라 한다.

예) 굳이[구지], 해돋이[해도지]
　　같이[가치], 밭이[바치]

'ㄷ-구개음화' 는 형태소 내부에서는 일어나지 않으며, 낱말과 낱말이 연이어 나올 때에도 일어나지 않는다. 'ㄷ-구개음화' 는 합성어 내부에서도 일어나지 않는데, 이때에는 대신 'ㄴ-첨가' 가 일어난다.

예) 마디[마디]/ *[마지], 밭 있어요[바딛써요]/ *[바친써요]
　　밭이랑[반니랑]/ *[바치랑], 홑이불[혼니불]/ *[호치불]

'ㄷ' 불규칙활용 [ㄷ 不規則活用]

'ㄷ' 받침을 가진 동사에서 'ㄷ' 이 모음 어미 앞에서 'ㄹ' 로 변동되는 현상.

예) (걸음을) 걷고, 걷지, 걷더라… cf. (돈을) 걷고, 걷지, 걷더라
　　(걸음을) 걸어, 걸으니… cf. (돈을) 걷어, 걷으니…

위에서 보는 것과 같이 '-고, -지, -더라' 등의 자음 어미 앞에서는 아무

런 변동도 일어나지 않으나, '-어, -으니' 같은 모음 어미 앞에서는 '걷-'이 '걸-'로 실현된다. '걷-'과 '걸-'은 음운론적으로 제약된 이형태이다. 그러나 'ㄷ~ㄹ'의 교체는 모든 'ㄷ' 받침 용언에 적용되지는 않는다.

예) 'ㄷ' 불규칙용언 : 걷다(步), 묻다(問), 듣다(聞), 싣다(載), 붇다(潤), 눋다, 깨닫다, 일컫다…
'ㄷ' 규칙용언 : 걷다(收), 묻다(埋), 닫다, 돋다, 믿다, 쏟다, 얻다…

단모음 [單母音, short vowel]

소리를 내는 도중에 입술 모양이나 혀의 위치가 고정되어 처음과 나중이 달라지지 않는 모음.

국어의 단모음은 /ㅏ, ㅐ, ㅓ, ㅔ, ㅗ, ㅜ, ㅡ, ㅣ/이며, 이들은 하나의 모음 요소로 이루어져 있으므로 처음부터 끝까지 같은 음가로 발음된다.

동화 [同化, assimilation]

말소리가 서로 이어질 때 어느 한쪽 또는 양쪽이 영향을 받아 비슷하거나 같은 소리로 바뀌는 소리의 변화.

자음과 자음이 이어 나올 때 두 자음이 서로 비슷해지거나 같아지는 자음 동화는 '유음화, 장애음의 비음화, 유음의 비음화, 변자음화'로 나뉘고 모음과 관련된 동화현상은 '구개음화, 전설모음'으로 나뉜다.

두음법칙 [頭音法則, initial law]

두음(頭音)에 'ㄴ'이나 'ㄹ'이 오는 것을 꺼리는 현상.

1. ㄹ-두음법칙

- 한국어에서 /ㄹ/는 어두에 나타날 수 없으므로 한자어 어두의 기저 자음 /ㄹ/는 /ㄴ/로 발음된다. 이 법칙은 맞춤법에 반영되어 /ㅣ, j/ 앞의 어두 자음 /ㄹ/는 'ㄴ, ㅇ' 으로 적는다.

  예) 래일(來日) → 내일, 로동(勞動) → 노동, 리율(利率) → 이율

- 어두의 기저 자음 /ㄹ/는 /ㅣ, j/ 앞에서 두음법칙에 의해 /ㄴ/로 바뀐 다음 ㄴ-두음법칙에 의해 탈락한다.

  예) 례의(禮儀) → 녜의 → 예의

- ㄹ-두음법칙은 외래어에는 적용되지 않는다. 외래어의 어두에 나타나는 /ㄹ/은 설측음이나 탄설음으로 발음된다.

  예) 라디오[ladio]/[ɾadio]

- 모음이나 종성 /ㄴ/ 뒤에 이어 나오는 '렬, 률' 은 '열, 율' 로 표기하고 [열, 율]로 발음한다. /ㄴ/ 이외의 종성 뒤에 나타나는 '렬, 률' 은 '렬, 률' 로 표기하고 [렬, 률]로 발음한다.

  예) 비율(比率), 규율(規律), 분열(分裂), 환율(換率)

  확률(確率), 법률(法律), 출생률(出生率)

- 합성어의 둘째 형태소 첫 음절의 기저 자음 /ㄹ/노 ㄹ-두음법칙의 적용을 받는다.

  예) 중노동(重勞動), 연이율(年利率), 해외여행(海外旅行)

- 둘 이상의 낱말로 이루어진 고유 명사도 ㄹ-두음법칙의 적용을 받으나, 고유 명사의 준말은 ㄹ-두음법칙의 적용을 받지 않는다.

  예) 국제연합, 대한교육연합회

  전경련(전국경제인연합회), 대한교련(대한교육연합회)

2. ㄴ-두음법칙

- 어두의 기저 자음 /ㄴ/는 '냠냠거리다' 등 일부 의성어를 제외하고는 /ㅣ, j/ 앞에서 탈락한다. 이 법칙도 맞춤법에 반영되어 /ㅣ, j/ 앞의 기저 어두 자음 /ㄴ/는 'ㅇ' 으로 적는다.

예) 녀자(女子) → 여자, 닉명(匿名) → 익명

- 어두의 /ㄴ/은 둘째 음절 이하에서는 ㄴ-두음법칙의 적용을 받지 않는다.

예) 부녀자, 남녀, 은닉

- 합성어나 둘 이상의 명사로 이루어진 고유 명사의 둘째 형태소 첫 음절에도 ㄴ-두음법칙이 적용되고, 거기에 ㄴ-첨가가 적용된다.

예) 신여성[신녀성], 공염불[공념불], 남존여비[남존녀비]

'러' 불규칙활용[러 不規則活用]

어간이 '르'로 끝나는 용언 가운데 자음 어미가 붙으면 변화가 없으나 모음 어미가 오면 그것을 '러'로 바꾸는 현상.

예) 이르고, 이르지, 이르면…(至) cf. 이르고, 이르지, 이르면…(謂, 早)
이르러, 이르러서, 이르렀다(至) cf. 일러, 일러서, 일렀다(謂, 早)

이와 같이 '어' 계통의 어미를 '러'로 바꾸는 용언을 '러' 불규칙용언이라 하고 그러한 현상을 '러' 불규칙활용이라고 한다.

예) '러' 불규칙용언 : 이르다(至) 〈동사〉
누르다, 푸르다 〈형용사〉

'르' 불규칙활용[르 不規則活用]

어간이 '르'로 끝나는 대부분의 용언이 모음 어미와 결합하면 '으'가 탈락되고 동시에 'ㄹ'이 덧생기는 현상.

예) 흐르지, 흐르고, 흐르더라, 흐르며… cf. 치르지, 치르고, 치르며…
흘러, 흘렀다… cf. 치러, 치렀다…

위에서 보는 것과 같이 '-지, -고, -더라, -며' 등의 자음 어미 앞에서 '르'의 형태에 변화가 없으나 모음 어미 '-어, -었다' 앞에서 '르'의 '으'가 탈락되고 'ㄹ'이 덧생겨 '흘ㄹ-'이 된다. '흐르-~흘ㄹ-'는 음운론적으로 제약되어 있으나 앞에서 비교한 '치르다'는 같은 '르'로 되어 있음에도 불구하고 '으'만 떨어지므로 '흐르-'가 '흘ㄹ-'가 되는 것은 비자동적 교체의 성격을 띠고 있다고 할 수 있다. 이와 같이 '르'가 모음 어미 앞에서 형태를 바꾸는 현상을 '르' 불규칙활용 또는 '르' 변칙활용이라고 한다.

예) '르' 불규칙용언 : 흐르다, 가르다(分), 고르다, 나르다, 누르다(壓), 기르다, 모르다, 오르다, 이르다(謂), 지르다… 〈동사〉
게으르다, 고르다(調), 다르다, 바르다(正), 바르다, 부르다(飽), 이르다(早)… 〈형용사〉

모음체계 [母音體系, vowel system]

모음은 성도에서 어떠한 장애도 받지 않고 조음되는 말소리이다. 모음은 단모음 체계(單母音體系)와 이중모음 체계(二重母音體系)로 나누어 살펴볼 수 있는데, 이중모음 체계도 단모음 체계와 밀접한 관계가 있으므로 단모음 체계에 의해 결정된다고 할 수 있다.

기본적으로 모음은 조음방법(調音方法)이 동일하므로 주로 조음위치(調音位置)를 기준으로 분류할 수 있다. 모음의 음가(音價)는 조음 시 혀의 위치에 따라 결정되는데 혀의 모양 전체를 기술할 수 없으므로 모음의 조음위치는 해당 모음을 발음할 때 혀에서 가장 높은 부분을 기준점으로 잡고 기준점의 위치를 다른 모음과 비교하여 상대적으로 기술된다. 단모음 체계는 일반적으로 '혀의 높낮이, 혀의 전후 위치, 입술의 모양'이라는 세 가지 기준에 의해 기술할 수 있다. '혀의 높낮이'에 의해 '고모음, 중모음, 저모음', '혀의 전후 위치'에 의해 '전설모음, 중설모음, 후설모음'으로 그리고 '입술의 모양'에 의해 '평순모음, 원순모음'으로 나뉜다.

이중모음은 논란의 여지가 있는 'ㅢ'를 제외하고 모두 활음이 모음 앞에 오는 '상향 이중모음(上向二重母音)'이다. 이중모음은 크게 'j계 이중모음'과 'w계 이중모음'으로 나뉠 수 있다.

모음사각도 [母音四角圖, vowel trapezium]

모음을 조음위치 및 개구도에 의하여 사각형으로 분류하여 그림으로 보인 것.

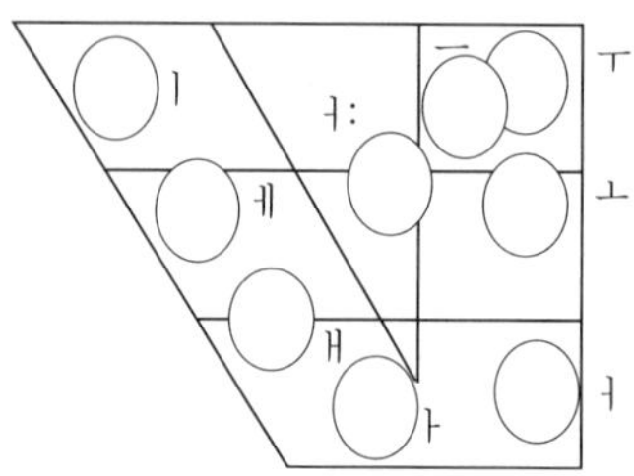

모음의 분류 [母音의 分類]

모음은 조음 시 특정한 장애가 발생하지 않고 구강을 어느 정도 넓게 벌린 상태에서 조음되는 소리이다. 모음을 분류하는 기준은 혀의 높낮이와 혀의 전후 위치, 입술의 모양이다. 혀의 높낮이에 따라 분류하면 '고모음(高母音)', '중고모음(中高母音)', '중저모음(中低母音)', '저모음(低母音)'으로 나뉘고, 혀의 전후 위치에 따라 분류하면 '전설모음(前舌母音)', '중설모음(中舌母音)', '후설모음(後舌母音)'으로 나뉜다.

조음 시 입술의 모양이 평평하냐 동그라냐에 따라 평순모음(平脣母音), 원순모음(圓脣母音)으로 나뉜다.

〈한국어 단모음 분류도〉

혀의 전후 위치	전설모음		중설모음		후설모음	
입술 모양 / 혀의 높이	평순	원순	평순	원순	평순	원순
고모음	ㅣ				ㅡ	ㅜ
중고모음	ㅔ		(ㅓ:)			ㅗ
중저모음	ㅐ				ㅓ	
저모음			ㅏ			

'ㅂ' 불규칙활용[ㅂ 不規則活用]

'ㅂ' 받침을 가진 용언 가운데 모음 어미 앞에서 그 'ㅂ' 이 '오' 나 '우' 로 바뀌는 현상.

예) 돕고, 돕지, 돕더라… cf. 뽑고, 뽑지, 뽑더라…

도와, 도우니, 도우면… cf. 뽑아, 뽑으니, 뽑으면…

위에서 보는 것과 같이 '-고, -지, -더라' 등의 자음 어미 앞에서 'ㅂ' 이 그대로 유지되어 있으나 모음 어미 앞에서는 '도오(우)' 로 실현된다. 어간이 음성모음이면 '우' 로 되는데, '덥다' 가 '더워' 로 되는 것이 그러하다. 문자 상으로는 '오(우)' 이지만 실제의 발음은 /w/로 /tow/인 것이다. 'top- ~ tow-' 는 음운론적 환경의 제약을 받고 있으나 'p~w' 의 교체는 'ㅂ' 받침을 가진 일부의 용언에 국한된다. 이와 같이 'ㅂ' 이 모음 어미 앞에서 '오' 나 '우' 로 변동되는 현상을 'ㅂ' 불규칙활용 또는 'ㅂ' 변칙활용이라고 한다.

예) 'ㅂ' 불규칙용언 : 돕다, 굽다(炙), 깁다, 눕다, 줍다… 〈동사〉

덥다, 춥다, 곱다, 접미사 '-답다, -롭다, -스럽다, -업다' 가 붙는 말〈형용사〉

'ㅂ' 규칙용언 : 뽑다, 씹다, 입다, 잡다, 접다… 〈동사〉

굽다(曲), 좁다… 〈형용사〉

반모음 [半母音, semi-vowel]

모음과 같이 발음하지만 음절을 이루지 못하는 소리.

반자음(半子音)이라고도 한다. 국어에는 세 개의 음소 /j, w, ɰ/가 있다. 반모음은 조음위치에 따라 경구개 반모음 /j/, 양순 연구개 반모음 /w/, 연구개 반모음 /ɰ/로 나뉜다. 국어에서 양순 경구개 반모음 [ɥ]는 /j/와 /w/의 변이음으로서 사용된다.

양순 경구개 반모음 [ɥ]는 /w/가 전설 고모음 /ㅣ/ 앞에서 구개음화될 때 나타나며, /j/가 원순모음 /ㅜ, ㅗ/ 앞에서 원순음화될 때도 나타난다.

변이음 [變異音, allophone]

하나의 음소가 음성 환경에 따라 서로 다른 음가로 실현되는 소리.

하나의 음소는 음성 환경에 따라 서로 다른 음가로 실현되는데, 이 소리들을 그 음소의 변이음(allophone)이라고 한다. 따라서 음소는 변이음들의 집합이라고 할 수 있다. 어떤 말소리가 여러 조건 하에서 서로 다르게 발음되는 경우에 언어 화자의 머릿속에서는 이 소리들이 모두 같은 말소리로 인식되는 것으로 모두 같은 음소로 인식되는 것이다.

예를 들면 한국어의 음소 /k/(/ㄱ/)는 '강'에서처럼 어두에서는 무성 연구개 파열음 [k]가 되고, '번개'에서처럼 유성음과 유성음 사이(모음과 모음 또는 비음과 모음 사이)에서는 유성 연구개 파열음 [g] 또는 유성 연구개 마찰음 [ɣ]가 되는데 한국인은 이 소리들을 모두 같은 소리로 인식한다. 이러한 경우에 [k], [g], [ɣ]는 /k/의 변이음이라고 할 수 있다. '강'을 발음할 때 첫소리를 완전한 유성으로 대치해서 발음하면 어색하게 들리기는 하지만 낱말의 의미 자체가 바뀌지는 않는다.

한 음소의 변이음들은 대체로 상보적 분포(complementary distribution)를 하므로 한 변이음이 나타나는 환경에 다른 변이음이 나타나지 못한다. 그러나 한 음소의 변이음들 가운데는 같은 음성 환경에서 서로 번갈아 가며 나타날 수 있는 것들이 있다.

예를 들어서 '가보' 라는 낱말의 두 번째 자음 /ㅂ/이 때로는 유성 파열음 [b]로 발음되기도 하고 유성 마찰음 [β]로 발음되기도 한다. /ㅂ/의 두 변이음 [b]와 [β]와 같이 같은 음성 환경에 나타나지만 어휘 의미의 차이가 없는 변이음들을 자유 변이(free variation) 관계에 있다고 한다.

변자음화 [邊子音化]

한 단어 내부에서 변자음들이 선행하는 치조음들을 수의적으로 변자음으로 발음하게 하는 현상.

한국어에서 치조음은 양순음 앞에서 수의적으로 양순음으로 바뀌고, 연구개음 앞에서는 수의적으로 연구개음으로 바뀌며, 양순음은 연구개음 앞에서 수의적으로 연구개음으로 바뀐다. 양순음과 연구개음은 구강의 주변 위치에서 조음되므로 변자음이라 하며, 앞서 언급한 현상은 구강의 가운데 위치에서 조음되는 치조음이 변자음으로 바뀌므로 변자음화라 하는데 이는 표준 발음 규칙으로 인정되지 않는다.

예) 신문[심문], 엿보다[엽뽀다]
받고[박꼬], 손가락[송까락]
감기[강기], 밥그릇[박끄름]

불규칙활용 [不規則活用]

용언을 활용할 때 어간과 어미의 형태가 불규칙적으로 활용하는 것.

불규칙동사는 활용할 때 어간이나 어미의 형태가 일정하지 않은 동사인데, 어간이 불규칙적으로 활용하는 동사로는 'ㄷ, ㅂ, ㅅ, 우' 불규칙동사(예

: 걷다, 눕다, 짓다, 푸다 등)가 있고, 어미가 불규칙적으로 활용하는 동사로는 '러, 거라, 너라' 불규칙동사(예 : 이르다(至), 가다, 오다 등)가 있으며, 어간과 어미가 불규칙적으로 활용하는 동사는 '르' 불규칙동사(예 : 고르다, 흐르다 등)가 있다.

불규칙형용사는 불규칙동사와 같이 어간이 불규칙적으로 활용하는 것, 어미가 불규칙적으로 활용하는 것, 어간과 어미가 불규칙적으로 활용하는 것 등이 있다.

어간이 불규칙적으로 활용하는 것으로는 'ㅂ' 불규칙형용사(예 : 가깝다, 곱다, 아름답다, 외롭다, 자유롭다 등)와 'ㅅ' 불규칙형용사(예 : 낫다)가 있다. 어미가 불규칙적으로 활용하는 형용사로는 '러' 불규칙형용사(예 : 푸르다, 누르다)가 있고, 어간과 어미가 불규칙적으로 활용하는 형용사로는 '르' 불규칙형용사(예 : 고르다, 마르다, 바르다, 빠르다, 이르다(早) 등)와 'ㅎ' 불규칙형용사(예 : 노랗다, 빨갛다, 파랗다, 하얗다 등)가 있다.

비분절음운 [非分節音韻, suprasegmental phoneme]

분절음 위에 얹혀서 단어의 뜻을 분화하는 요소.

이는 '초분절음운(超分節音韻)' 이라고도 하는데 '강세, 억양, 고저, 장단' 등이 이에 속한다. 이러한 비분절음운은 자음, 모음의 배열과 같은 분절음 층위에 있는 것이 아니라 분절음 층위에 덧놓이는 음운이라는 개념에서 붙여진 이름이다.

강세(強勢)는 소리를 발음할 때 들어가는 물리적인 힘의 강도와 지각적 크기를 나타내는 단위이고, 같은 모음이라도 강세를 받으면 강세를 받지 않는 소리보다 더 강한 조음의 힘으로 발음되어 더 크게 들린다. 억양(抑揚)은 음의 높낮이의 차이가 발화 차원에서 화자의 발화 의도나 감정, 태도를 직접적으로 표시하는 기능을 가진 것으로, 이는 단어의 의미를 변화시키지는 않고 실제 발화 차원에서 문장 또는 단어의 의미를 변화시킨다. 고저(高低)는 성대의 진동수에 따라 다른 말소리의 높낮이를 뜻하는데, 진동이 빠를수록 높아진다. 장단(長短)은 음의 길이를 뜻하고, 상대적으로 길거나 짧게 발음되는 소리에 따라 의미의 차이가 나타난다. 한국어는 모음의 음장(音長)으로 단어의 의미가 분화되고, 일본어는 자음의 길이가 단어의 의미를 분화시키는 최소 대립어의 구실을 한다.

비음 [鼻音, nasal]

입안의 통로를 막고 코로 공기를 내보내면서 내는 소리.

국어에는 세 개의 비음 /ㄴ, ㅁ, ㅇ/이 있다. 국어의 비음은 조음위치에 따라 양순음 /ㅁ/, 치조음 /ㄴ/, 연구개음 /ㅇ/으로 나뉜다.

양순 비음 /ㅁ/는 두 입술을 닫고 연구개를 내려 폐로부터 나오는 기류를 비강을 통해 내보내면서 조음한다. 양순 비음 /ㅁ/의 조음 동작은 양순 파열음 /ㅂ, ㅍ, ㅃ/의 조음 동작과 매우 유사하나 연구개가 하강해서 비강 통로가 열린다는 점이 다르다.

치조 비음 /ㄴ/는 혓날을 윗잇몸에 대고 연구개를 내려 폐로부터 나오는 기류를 비강으로 내보내면서 조음한다. 치조 비음 /ㄴ/의 조음 동작은 치조 파열음 /ㄷ, ㅌ, ㄸ/의 조음 동작과 매우 유사하나 연구개가 하강해서 비강 통로가 열린다는 점에서 차이가 난다.

연구개 비음 /ㅇ/은 후설을 올려 연구개의 앞부분에 대고 연구개의 뒷부분은 내려서 폐로부터 나오는 기류를 비강을 통해 내보내면서 조음한다. 연구개 비음 /ㅇ/의 조음 동작은 연구개 파열음 /ㄱ, ㅋ, ㄲ/의 조음 동작과 매우 유사하나 연구개가 하강해서 비강 통로가 열린다는 점이 다르다.

비음화[鼻音化, nasalization]

어떤 음의 조음에 비강의 공명이 수반되는 현상.

1) 장애음의 비음화

• 장애음 /ㅂ, ㄷ, ㄱ/는 비음 앞에 나타날 수 없으므로 비음 앞에서 /ㅁ, ㄴ, ㅇ/으로 바뀐다. 이 현상은 낱말 내부에서뿐만 아니라 둘 이상의 낱말이 연이어 나올 때에도 일어난다.

예) 한국말[한궁말], 옷맵시[온맵씨], 박물관[방물관]
추억 만들기[추엉만들기], 옷 맞추다[온맏추다]

2) 유음의 비음화

• 한국어에서 /ㄹ/는 /ㄴ/와 /ㄹ/ 이외의 자음 뒤에서 /ㄴ/로 바뀐다.

예) 심리[심니], 종로[종노], 확률[확뉼→황뉼]

• 자립 형태소와 의존 형태소로 이루어진 합성어들 중에는 /ㄹ/가 /ㄴ/ 뒤에서도 /ㄴ/로 바뀌는 예들이 있다.

예) 의견란[의견난], 결단력[결딴녁]

'ㅅ' 불규칙활용[ㅅ 不規則活用]

'ㅅ' 받침을 가진 용언 가운데 모음 어미 앞에는 그 'ㅅ'이 탈락되는 현상.

예) 짓고, 짓지, 짓더라… cf. 벗고, 벗지, 벗더라…
지어, 지으니… cf. 벗어, 벗으니…

위에서 보는 것과 같이 '-고, -지, -더라' 등의 자음 어미 앞에서는 'ㅅ'이 그대로 유지되어 있으나 모음 어미 앞에서는 탈락되어 '지-'로 실현된다. '짓-'과 '지-'는 음운론적 환경의 제약을 받는 이형태이나, 'ㅅ'의 탈락은 모든 'ㅅ' 받침용언에 적용되는 것은 아니다. 이와 같이 'ㅅ'이 모음 어미 앞에서 탈락하는 현상을 'ㅅ' 불규칙활용 또는 'ㅅ' 변칙활용이라고 한다.

예) 'ㅅ' 불규칙용언 : 짓다, 잇다, 젓다, 긋다, 낫다(癒), 잣다, 붓다… 〈동사〉
낫다(勝) 〈형용사〉
'ㅅ' 규칙용언 : 벗다, 빗다, 빼앗다, 씻다, 솟다… 〈동사〉

사잇소리 경음화 [사잇소리 硬音化]

사잇소리가 뒤에 오는 이완 장애음을 경음화시키는 현상.

사이시옷 /ㅅ/는 고대국어와 중세국어에서 속격(屬格)을 나타내는 형태소로 사용되었다. 고대국어와 중세국어에서 사이시옷은 합성어는 물론 구 내부에도 첨가되었으며, 뒤 형태소가 자음으로 시작하느냐 모음으로 시작하느냐에 관계없이 첨가되었다. 그러나 현대국어에서는 사이시옷이 주로 합성어 내부에만 첨가되며, 구성 형태소들이 속격 관계에 있는 합성어에만 첨가되지 않고 처격이나 수혜격 관계에 있는 합성어에도 첨가된다. 구성 형태소들이 속격 관계에 있는 합성어의 경우, 앞 형태소가 유정물일 경우에는 사이시옷이 첨가되지 않는다. 사이시옷은 /ㄷ/로 실현되며, 이완 장애음 /ㅂ, ㄷ, ㄱ, ㅅ, ㅈ/가 이어 나오면 뒤 자음을 경음화시키는 음운론적 기능을 수행한다.

예) 냇가[내까/낻까], 촛불[초뿔/촏뿔]

한글맞춤법에서는 앞 형태소가 자음으로 끝날 경우 사이시옷이 들어가더라도 표기하지 않는다. 사이시옷은 겉으로 나타나지 않더라도 이완 장애음이 뒤이어 나오면 뒤의 자음을 경음화시킨다.

예) 손등[손뜽], 산봉우리[산뽕우리], 잠자리[잠짜리](잠자는 자리)

앞 형태소가 자음으로 끝나고 뒤 형태소가 이완 장애음 이외의 자음으로 시작하면 사이시옷은 표기되지 않을 뿐만 아니라 음운론적으로 실현되지 않는다.

예) 오리알[오리알], 손아귀[소나귀], 강어귀[강어귀]

그러나 뒤 형태소가 모음 /ㅣ/나 반모음 /j/로 시작하면 ㄴ-첨가와 사이시옷의 첨가가 동시에 일어난다.

예) 나뭇잎[나문닙], 댓잎[댄닙], 뒷일[뒨닐]

설측음 [舌側音, lateral]

혀끝을 윗잇몸에 아주 붙이고, 혀 양쪽의 트인 데로 날숨을 흘려 내는 소리.

설측음 [l]은 연구개를 상승시켜 비강 통로를 차단한 채 혀끝으로 구강의 가운데 부분을 막고 혀의 양 옆을 내려 폐로부터 나오는 기류를 혀의 양 옆으로 탈출시키면서 조음한다.

국어에는 유음이 /ㄹ/ 하나밖에 없는데, /ㄹ/는 환경에 따라 [ɾ]계 탄설음으로 발음되기도 하고 [l]계 설측음으로 발음되기도 한다. [l]계 설측음은 [ɾ]계 탄설음이 나타나지 않는 환경, 즉 어말이나 자음 앞에서, 설측음 다음에서, 그리고 느리고 신중한 말씨에서는 /ㅎ/ 앞에서도 나타난다.

양성모음 [陽性母音]

어감(語感)이 밝고 산뜻한 모음.

국어에는 'ㅏ, ㅗ, ㅑ, ㅛ, ㅘ, ㅚ, ㅐ' 따위가 있다.

어감의 분화 [語感의 分化]

음상(音相)의 차이로 인하여 어감이 달라지는 것.

1) 자음에 의한 어감분화

음운은 형태소를 분화함으로써 뜻을 구별해 주는데, 음운이 일부 바뀌었지만 단어 자체가 완전히 분화되었다고 보기는 어렵고, 어감만이 달라지는 경우가 있다.

자음에 의한 어감의 분화는 파열음 계열의 삼중 조직인 '평음, 경음, 격음'에서 나타난다. 평음보다는 경음이 더 강하고 단단한 느낌을 주고, 격음은 그보다 더 크고 거친 느낌을 준다.

예) 달각달각 > 딸깍딸깍, 저벅저벅 > 처벅처벅, 졸졸 > 쫄쫄 > 촐촐, 빙빙 > 삥삥 > 핑핑, 단단하다 > 딴딴하다 > 탄탄하다, 뚱뚱하다 > 퉁퉁하다

2) 모음에 의한 어감분화

모음에 의한 어감의 분화 요인은 양성모음과 음성모음의 차이에서 생기는데, 그 대표적인 예는 의성어와 의태어이며, 이것은 우리말 특징 중의 하나이다.

양성모음이 음성모음에 비하여 '작고, 밝고, 경쾌하고, 가볍고, 명랑한' 느낌을 준다. 모음 중에서 'ㅏ, ㅐ, ㅑ, ㅗ, ㅘ, ㅚ, ㅛ'는 밝고 날카롭거나 작고 가벼운 느낌을 수는 반면에 'ㅓ, ㅔ, ㅕ, ㅜ, ㅝ, ㅟ, ㅠ, ㅡ, ㅣ'는 어둡고 둔하거나 크고 무거운 느낌을 준다.

예) 찰랑찰랑/철렁철렁, 대굴대굴/데굴데굴, 톡톡/툭툭, 졸졸/줄줄, 살살/슬슬, 자글자글/지글지글, 생글생글/싱글싱글, 소곤소곤/수군수군, 방글방글/벙글벙글…

의성어, 의태어가 아닌 경우에도 이러한 어감의 분화가 있다.

예) 고것/그것, 가짓말/거짓말, 야무지다/여무지다, 야위다/여위다, 환하다/훤하다, 깜깜하다/껌껌하다…

억양 [抑揚, intonation]

문장의 각 음절에 부과되는 높이에 연결된 높이 곡선(pitch curve).

음의 높낮이의 차이가 발화 차원에서 화자의 발화 의도나 감정, 태도를 직접적으로 표시하는 기능을 가진 것.

억양은 단어의 의미를 변화시키지는 않고, 실제 발화 차원에서 문장이나 단어의 의미를 변화시키며, 화자의 감정이나 태도를 표현하는 데 중요한 기능을 한다.

일반적으로 문장의 끝 부분에 얹히는 억양이 의미 전달 측면에서 가장 중요한 부분을 차지하고 있다. 문장 끝에 얹히는 억양의 음조는 문장의 형식에 따라 '내림조 억양'과 '오름조 억양'이 있다. 흔히 서술문, 명령문, 청유문의 억양은 내림조로 끝나고, 의문문은 오름조로 끝나는 것으로 알기 쉬우나, 억양은 늘 문장 형식에 따라서만 결정되는 것이 아니므로, 대화 상황에 따라 서술문, 명령문, 청유문에서도 '오름조 억양'이 쓰일 수 있고, 의문문에서도 '내림조 억양'이 쓰일 수 있는 것이다.

서술문의 경우, 화자의 발화 의도에 따라 몇 가지 변이형을 갖는다.

예) 친구하고 산에 갔어요.

이 문장의 경우, 일반적 서술문이고 화자의 단순 진술일 때에는 '산에 갔어요.'라는 서술절이 점차 낮아지는 억양 유형을 보이면서 '-요'가 제일 낮게 실현된다. 그러나 그러한 화자의 진술을 들은 청자가 동의하는 정도의 반응으로 반복할 경우에는 '-요' 부분이 약간 올라갔다가 내려오는 유형이 된다.

의문문의 경우, '집에 가니?'와 같이 의문사가 없는 경우에는 문장 끝의 억양이 상승형이 되고, 의문사가 있는 설명의문문(wh-Question)의 경우는 문장의 끝이 올라가는 듯하지만 끝이 하강조이다. 그리고 선택형 질문의 경우는 앞 문장은 상승조로 실현되고, 뒤따르는 두 번째 문장은 하강조로 실현된다.

예) 같이 갈래, 안 갈래?

명령문의 경우도 청자에 대한 태도와 관련해서 약간씩의 변이형을 가진다. 예를 들어 '조용히 해.' 의 경우, 권위를 가지고 강하게 명령하기 위해서는 '조용히' 부분은 높고 '해' 의 부분은 급격하게 위에서 아래로 떨어지는 억양 유형을 갖는다. 그러나 권유하거나 상대방의 입장을 고려하는 태도로 말할 때는 '조용히' 부분이 앞 예보다는 조금 낮은 위치에서 발음되고 마지막 '해' 부분이 올라갔다가 내려와서 '해' 의 발음이 조금 길어지는 느낌이 있다. 그러나 공손함이나 부탁 정도의 의미를 지니게 되면 낮아지다가 '-요' 부분이 올라가면서 끝나는 유형이 되기도 한다.

청유문의 경우는 제안의 의미가 강하므로 명령문과 유사한 억양 구조를 보인다.

'여' 불규칙활용 [여 不規則活用]

'하' 로 된 용언이나 그것이 붙어 이루어진 용언에 자음 어미가 결합되면 어미에 변화가 생기지 않으나 모음 어미가 붙으면 어미가 불규칙적으로 활용하는 현상.

예) 하고, 하면, 하지…

하여(>해), 하여라(>해라), 하였다(>했다), 하여서(>해서)

cf. 파아(>파), 파아라(>파라), 파았다(>팠다), 파아서(>파서)

같은 'ㅏ' 로 되어 있는 '파다' 의 경우는 모음조화 규칙에 따라 'ㅏ' 계통의 어미를 취하는 데 반해 '하다' 의 경우에는 '여' 계통의 어미를 취한다. 이런 용언을 '여' 불규칙용언이라 하고 '여' 계통의 어미를 취하는 현상을 '여' 불규칙활용이라고 한다.

연구개음 [軟口蓋音, velar]

후설을 연구개에 대거나 접근시켜 조음하는 소리.

국어에는 파열음 /ㄱ, ㅋ, ㄲ/, 비음 /ㅇ/, 반모음 /w, ɰ/가 있다. 연구개 파열음 /ㄱ, ㅋ, ㄲ/는 후설을 연구개 앞부분에 대고 연구개 뒷부분은 상승시켜 비강 통로를 차단해서 폐로부터 나오는 기류를 구강과 인두강 안에 가두어 두었다가 혓몸과 연구개의 막음을 개방해서 압축된 기류를 내뿜으면서 발음한다.

연구개 비음 /ㅇ/은 후설을 올려 연구개의 앞부분에 대고 연구개의 뒷부분은 내려서 폐로부터 나오는 기류를 비강을 통해 내보내면서 조음한다. 연구개 비음 /ㅇ/의 조음 동작은 연구개 파열음 /ㄱ, ㅋ, ㄲ/의 조음 동작과 매우 비슷하나 연구개가 하강해서 비강 통로가 열린다는 점이 다르다.

연접 [連接, juncture]

약간의 간격을 두고 한 기식 단위에서 발화를 하면서 전체적으로는 이어서 발음하는 효과 정도의 특징.

한 어절이나 구에서도 어디를 끊어 읽느냐에 따라 의미가 달라지기도 하므로 정확하게 끊어 읽는 훈련을 함께 하는 것이 좋다.

꼬리가 긴 | 원숭이 vs. 꼬리가 | 긴 원숭이

왼쪽은 꼬리가 긴 속성을 가진 원숭이라는 동물을 설명하는 것이고, 오른쪽은 유난히 꼬리가 긴 어떤 원숭이를 가리키는 것이다.

특히 긴 문장을 발화할 때는 듣는 사람이 문장의 내용을 쉽고 편하게 이해할 수 있도록 문장을 둘 이상의 말토막으로 나누어 발화해야 하는데, 말토막 경계를 문장의 아무데나 부과해서 발화하면 어색하게 들릴 뿐만 아니라 문장의 의미도 제대로 전달되지 않는다. 말토막 경계의 수와 위치는 문장의 길이, 말의 속도와 스타일, 문장의 문법 구조와 의미 구조, 초점의 영역 등 여러 요인들의 상호 작용에 의해 결정된다. 모든 단계의 학습자들에게 개별적인 발음 연습만 시킬 것이 아니라 이와 같은 문장 끊어 읽기를 함께 연습시킬 필요가 있다.

'우' 불규칙활용 [우 不規則活用]

어간이 '우' 로 끝나는 용언 가운데 모음 어미 앞에서는 '우' 가 탈락되는 현상.

예) 푸고, 푸지, 푸더라… cf. 주고, 주지, 주더라…
퍼, 펐다 cf. 주어, 주었다

어간이 '우' 로 끝나는 '푸다' 의 '푸-' 는 모음 어미 앞에서는 '우' 가 탈락된다. 같은 '우' 로 된 '주다' 의 경우는 아무런 변화가 없는데 '푸다' 의 경우는 '우' 가 떨어지므로 활용의 불규칙성이 분명해진다.

원순음 [圓脣音, rounded sound]

발음할 때 입술을 둥글게 오므리고 내는 소리.

원순성에 따라 분류하면 입술을 동그랗게 오므리고 발음하는 '원순모음(圓脣母音)' 과 입술을 평평하게 펴고 발음하는 '평순모음(平脣母音)' 으로 나뉜다.

한국어의 단모음에서는 /ㅣ, ㅔ, ㅐ, ㅏ, ㅡ, ㅓ/가 평순모음이고, /ㅜ, ㅗ/가 원순모음이다.

유음 [流音, liquid sound]

혀끝을 잇몸에 가볍게 대었다가 떼거나, 잇몸에 댄 채 공기를 그 양옆으로 흘려보내면서 내는 소리.

국어에는 유음이 /ㄹ/ 하나밖에 없는데, /ㄹ/는 환경에 따라 [ɾ]계 탄설음으로 발음되기도 하고 [l]계 설측음으로 발음되기도 한다.

[ɾ]계 탄설음은 혀끝으로 윗잇몸을 살짝 튀겨서 조음하며, 모음과 모음 사이, 모음과 반모음 사이, 그리고 모음과 /ㅎ/ 사이에 나타난다.

유음화 [流音化, lateralization]

국어에서 /ㄴ/가 /ㄹ/의 앞이나 뒤에서 /ㄹ/로 바뀌는 현상.

예) 신라[실라], 원래[월래], 권력[궐력]

설날[설랄], 칼날[칼랄], 달나라[달라라]

유음화는 낱말 내부에서만 일어나지 않고 둘 이상의 낱말이 이어 나올 때에도 일어난다. 그러나 낱말 사이에 긴 휴지가 부과되면 유음화가 일어나지 않는다.

예) 겨울 나그네[겨울라그네], 바람 잦을 날[바람자즐랄]

음성과 음운 [音聲과 音韻]

'음성' 은 사람의 입을 통하여 나오는 말소리이고, '음운' 은 말의 뜻을 구별해 주는 소리의 가장 작은 단위.

음운은 의미의 변별 기능을 갖지 못하는 음성과는 달리 의미의 변별 기능을 갖는 최소 단위라고 정의할 수 있다. 예를 들어서 '달' 과 '말' 은 자음 'ㄷ'

과 'ㅁ' 으로 인해 의미의 변별을 가져오는 기능을 하는데, 이런 경우 'ㄷ' 과 'ㅁ' 은 별개의 음운이다.

이들 음운을 이론적으로 표기할 때는 / /로 나타내고, 이의 음성적 실현인 발음은 [ ]으로 표시한다. 예를 들어 [달]로 발음되는 '달' 에서 받침 'ㄹ' 의 음운 표기는 /ㄹ/이고, 음성 표기는 [ㄹ]이며, [한궁말]로 발음되는 '한국말' 에서 '국' 의 받침 'ㄱ' 의 음운 표기는 /ㄱ/이고, 음성 표기는 [ㅇ]이다.

음성모음 [陰性母音]

어감이 어둡고 큰 모음.

국어에는 'ㅓ, ㅜ, ㅕ, ㅠ, ㅔ, ㅝ, ㅟ, ㅖ' 따위가 있다.

음운의 변동 [音韻의 變動]

언중들이 의식하고 있는 어휘의 심리적, 추상적, 잠재적인 형태가 실제의 발화에서 겪는 변화.

이와 같은 음운변동은 크게 음절과 관련된 것(중화, 자음군 단순화, 두음법칙), 동화와 관련된 것(유음화, 비음화, 변자음화, 구개음화, 전설모음화), 탈락과 관련된 것, 첨가와 관련된 것(ㄴ-첨가, ㄹ-첨가), 축약과 관련된 것(자음 축약, 모음 축약), 불규칙활용과 관련된 것 그리고 불규칙적인 음운변동(사잇소리 경음화) 등으로 나눌 수 있다.

음절 [音節, syllable]

음소보다 크고 낱말보다 작은 발화의 단위.

자음은 홀로 발음되지 못하고 같은 음절 안의 모음에 기대어 발음되므로 모음이 음절에서 가장 중심이 되는 소리가 된다. 음절에서 중심 되는 소리를 '성절음(成節音)'이라고 하고, 성절음과 함께 하나의 음절을 이루는 소리(들)을 '비성절음(非成節音)'이라고 한다. 따라서 음절은 하나의 성절음과 0개 이상의 비성절음의 연결체이다. 물론 '어'와 같이 비성절음이 없이 성절음으로만 이루어진 음절도 있는데, 비성절음은 다시 '초성'과 '종성'으로 구분하기도 한다.

음절은 다음의 세 가지 중요한 음운론적 기능을 수행하는 음운 단위이기도 하다.

• 한국어를 비롯한 모든 언어에는 '음소 배열 제약'이 있는데, 음절이란 단위를 설정해야 음소 배열 제약을 제대로 밝혀낼 수 있다.

• 음절은 음운 규칙의 적용 범위로 작용한다. 예를 들어서 한국어에서 원순 모음은 같은 음절 안의 자음(들)을 원순화시키고, 원순 반모음은 같은 음절 안의 앞 자음을 원순화시킨다. 그러므로 음절이란 단위를 설정해야 한국어의 여러 음운 현상을 제대로 규칙화할 수 있게 된다.

• 음절은 성조와 강세가 부과되는 단위이다. 표준말에서 주강세(主强勢)는 낱말의 한 음절에만 부과되고, 경상도 방언에서 성조는 낱말의 각 음절에 부과된다. 음절이란 단위를 설정해야 표준말의 강세 규칙과 경상도 방언의 성조 변동 규칙을 수립할 수 있게 된다.

음절은 무게에 따라 '가벼운 음절(light syllable)'과 '무거운 음절(heavy syllable)'로 나뉜다. 중성과 종성을 합쳐서 '운모(韻母, rhyme)'라고 하는데, 가벼운 음절은 운모가 단모음 하나만으로 이루어진 음절이고, 무거운 음절은 운모에 종성이 포함되어 있거나 중성이 장모음인 음절이다.

예) 가벼운 음절-이, 비, 코

무거운 음절-입, 집, 빰, 별:, 개:, 애:

그리고 종성을 가지고 있는 음절을 '폐음절(閉音節, closed syllable)'이라고 하고, 종성이 없는 음절을 '개음절(開音節, open syllable)'이라고 한다.

예) 개음절-이, 비, 소
폐음절-강, 밥, 한

음절의 구조 [音節의 構造, syllable structure]

한국어는 음소문자로 하나의 음절은 '초성, 중성, 종성' 으로 이루어진다. 종성은 받침이라고도 하는데, 한국어에는 겹받침이 있어서 종성의 자리에 최대 두 개의 자음이 나타날 수 있다. 그러나 겹받침이 휴지나 다른 자음 앞 또는 다른 자립 형태소 앞에 올 때는 하나의 자음으로 줄여 발음하고, 모음으로 시작하는 의존 형태소 앞에 올 때는 겹받침의 둘째 자음을 다음 음절의 초성으로 발음하므로 종성의 자리에는 하나의 자음만이 올 수 있다.

한국어에서 음운론적으로 가능한 음절구조 유형은 다음과 같다.

• V 유형

모음 하나로 음절을 구성하는 경우이다. 예를 들면, '아, 이, 오' 등에서처럼 첫소리와 받침 없이 모음만으로 하나의 음절을 구성한다. 첫소리에 쓴 'ㅇ' 은 표기상 하나의 완전한 음절을 보여 줄 수 있도록 글자의 자리를 채우기 위하여 사용한 것으로 소릿값은 없다.

• CV 유형

'초성 + 중성' 으로 음절을 구성하는 경우이다. 예를 들면, '나, 소, 해' 와 같이 받침 없이 자음과 모음만으로 하나의 음절을 구성한다.

• VC 유형

모음 다음에 자음이 결합한 경우로 종성 위치의 자음은 받침이 된다. '알, 옥, 윷' 등이 그 예이다.

• CVC 유형

'자음 + 모음 + 자음' 으로 구성된 음절 유형이다. 받침으로는 초성에 사용하는 모든 자음을 쓸 수 있지만 종성 규칙에 의하여 7개의 대표음인 [ㄱ, ㄴ, ㄷ, ㄹ, ㅁ, ㅂ, ㅇ]으로만 발음된다. CVC 유형의 음절로는 '강, 달, 국' 등을 들 수 있다.

종성에 두 개의 자음 즉, '겹받침' 을 넣는 경우가 있는데, 표기상으로는 두 개의 자음이지만 소리는 하나로 나게 된다. 즉, 어말에 자음군이 나올 경우, 단순화 과정을 거쳐서 그중에서 하나만 소리가 난다. 그러나 뒤에 모음이 연결될 때는 두 개의 자음 중 첫 번째 소리는 앞 음절에서 소리 나고, 두 번째 소리는 뒤 음절에서 소리가 난다.

음절의 제약 [音節의 制約, syllable restriction]

음소들이 연결될 때 특정 음소의 배열을 허용하지 않는 것.

한국어를 비롯한 모든 언어에는 '음소 배열 제약' 이 있어서 음소들이 연결되어 음절과 낱말을 이루게 될 때 일부 음소가 음절의 특정 위치에 나타나지 못하기도 하고, 특정한 음소의 배열이 허용되지 않기도 한다. 음절과 음절이 연결되어 음소 연결 제약에 위배되는 음소의 배열이 생기면 이를 시정하기 위한 음운현상이 일어난다.

1) 초성에서의 제약

• /ㅇ/은 형태소의 첫소리로 사용되지 않는다. '안' 이라는 음절에서 초성의 위치에 있는 'ㅇ' 은 음소 /ㅇ/이 아니라 초성 자리가 비어 있다는 뜻으로 동그라미를 표시해 놓은 것이다.

• 초성의 자리에는 오직 한 개의 자음만이 나타날 수 있다. 활음(滑音)을 자음적인 요소로 보면 두 개의 자음까지 허용된다고도 할 수 있다(예 : 별, 궤).

2) 초성에 따른 중성에서의 제약

• 어두에서 양순음과 모음 /ㅡ/는 연결될 수 없다.

• 반모음 /j/는 모음 /ㅣ, ㅡ/와 연결될 수 없고, /w/는 모음 /ㅜ, ㅗ, ㅡ/

와 연결될 수 없는 반면에 반모음 /ɰ/는 모음 /ㅣ/와만 결합한다.

• 어두의 기저 자음 /ㄴ/는 모음 /ㅣ/나 반모음 /j/와 연결될 수 없다(예 : 여성/부녀자). 일부 어휘에서는 예외적으로 어두에서의 /ㄴ/와 /ㅣ, j/의 결합이 허용된다(예 : 냠냠거리다, 뉴스).

3) 종성에서의 제약

• 장애음과 이완 장애음의 연결은 허용되지 않으므로 뒤의 자음이 경음화된다(예 : 학생[학쌩], 국밥[국빱]).

• 장애음과 비음의 연결은 허용되지 않으므로 앞 자음이 비음화된다(예 : 학문[항문], 학년[항년]). 장애음과 유음 /ㄹ/의 연결도 허용되지 않는데, 이때는 장애음과 유음이 모두 비음화된다(예 : 확률[황뉼]).

• 비음과 유음의 연결은 허용되지 않으므로 두 소리 모두 비음으로 발음되거나 두 소리 모두 유음으로 발음된다(예 : 인류[일류], 설날[설랄], 음운론[음운논]).

• 이완 장애음 /ㅂ, ㄷ, ㄱ, ㅈ/와 /ㅎ/가 연결되면 서로 융합되어 /ㅍ, ㅌ, ㅋ, ㅊ/로 바뀐다(예 : 법학[버팍], 낳고[나코]).

이중모음 [二重母音, diphthong]

이중모음은 두 개의 모음 요소로 이루어진 것으로 시작 부분과 끝 부분이 다른 음가로 발음되는 모음.

이중모음은 단모음에 반모음이 덧붙어서 이루어지는데 반모음이 단모음 앞에 붙느냐 뒤에 붙느냐에 따라 '상향이중모음(上向二重母音)'과 '하향이중모음(下向二重母音)'으로 구분할 수도 있고, 'j'가 붙느냐 'w'가 붙느냐에 따라서 크게 'j-계 이중모음'과 'w-계 이중모음'으로 나눌 수도 있다. 후자의 구분에 따라 기술하면 다음과 같다.

'j-계 이중모음'에는 /ㅑ, ㅕ, ㅛ, ㅠ, ㅖ, ㅒ/ 6개가 있는데, 이 이중모음들은 모두 평순으로 발음된다.

'w-계 이중모음' 에는 /ㅘ, ㅙ, ㅝ, ㅞ, ㅚ, ㅟ/ 6개가 있는데, 모두 원순으로 발음된다. 이 중에서 /ㅚ, ㅟ/는 때로 단모음으로 구분되기도 하나 현대 한국어에서는 주로 이중모음으로만 발음되므로 여기에서는 이중모음으로 다루기로 한다.

그리고 /ㅢ/는 'j-계 하향 이중모음' 으로 처리하는 견해도 있으나 반모음 [ɯ]를 하나 더 설정하는 견해를 따라 'ɯ-계 이중모음' 으로 다루기로 한다.

자음체계 [子音體系, consonant system]

한국어의 자음을 체계적으로 기술하기 위해서는 우선 자음 음소의 목록이 설정되어야 하고, 그 다음에는 자음을 조음하는 데 중요한 역할을 하는 여러 가지 사항들을 고려해야 한다. 즉 성대의 진동 유무(유성음, 무성음), 연구개의 상승/하강(구강음, 비음), 구강 내에서 폐쇄/마찰 수반(파열음, 마찰음, 파찰음 등), 조음 시 조음기관의 긴장 여부(경음, 연음), 조음 시 기식 수반 여부(유기음, 무기음) 등이 고려되어야 한다.

한국어의 자음은 크게 조음위치(양순음, 치조음, 경구개음, 연구개음, 성문음 등)와 조음방법(파열음, 마찰음, 파찰음, 비음, 유음 등) 및 기식의 유무(유기음, 무기음)에 의해 기술된다.

자음과 모음 [子音과 母音, consonant and vowel]

'자음' 은 조음할 때 성대를 통해 나오는 공기가 밖으로 나올 때까지 조음기관의 어디에서든 장애를 받고 나오는 소리이고, '모음' 은 전혀 장애를 받지 않고 나오는 소리.

말소리는 크게 자음(닿소리, consonant)과 모음(홀소리, vowel)으로 분류된다. 명칭에서도 알 수 있듯이 모음은 홀로 쓰이는 소리이므로 혼자서도 소리를 만들 수 있는 반면에 자음은 모음에 닿아서 나는 소리이므로 혼자서는 소리를 만들 수 없다는 차이점이 있다.

예를 들어서 모음 'ㅏ, ㅗ, ㅜ' 는 이와 같이 써 놓아도 발음할 수 있지만, 자음 'ㄱ, ㄴ, ㄷ, ㄹ' 등은 이처럼 써 놓으면 소리로 실현할 수 없다. 이것을 '기역, 니은, 디귿, 리을' 이라고 읽는 것은 이 자음의 음가를 나타낸 것이 아니라 명칭을 이르는 것에 지나지 않으므로 주의해야 한다.

자음군 단순화 [子音群單純化]

기저형에서 모음의 뒤에 이어지는 두 개의 자음이 음절 종성에 올 경우 하나의 자음으로 단순화되는 것.

한국어에는 11개의 겹받침(ㄳ, ㅄ, ㄽ, ㄻ, ㄾ, ㄼ, ㄿ, ㄺ, ㅀ, ㄵ, ㄶ)이 있다. 이 겹받침들은 어말이나 뒤따르는 음절이 자음으로 시작하는 경우에는 겹받침 중 하나의 자음이 탈락하여 하나의 자음만 남아야 한다. 그러나 겹받침 중에서 'ㄿ, ㄼ, ㄺ' 은 화자에 따라 자음군 단순화의 적용을 받지 않기도 한다.

한국어의 단어들은 중화와 자음군 단순화에 의해 일곱 개의 자음, 즉 /ㄱ, ㄴ, ㄷ, ㄹ, ㅁ, ㅂ, ㅇ/가 발음될 수 있다. 겹받침 중에는 앞 자음이 탈락하는 것도 있고, 뒤의 자음이 탈락하는 것도 있다.

- 첫소리만 발음되는 경우

  겹받침 'ㄳ, ㄵ, ㄽ, ㄾ, ㅄ' 의 경우 둘째 소리는 탈락하고 첫소리만 발음된다.

  예) 넋[넉], 앉다[안따], 외곬[외골], 핥다[할따], 값[갑]

- 첫소리는 그대로 발음되고 둘째 소리는 바뀌는 경우

  겹받침 'ㄶ, ㅀ' 의 경우는 첫소리는 그대로 발음되고, 둘째 소리 /ㅎ/는

/ㄱ, ㄷ, ㅈ/ 앞에서 이들과 융합되어 /ㅋ, ㅌ, ㅊ/로 발음되며, /ㅅ, ㄴ/ 앞에서는 탈락한다.

예) 많고[만코], 많다[만타], 많지[만치]

싫고[실코], 싫다[실타], 싫지[실치]

많소[만쏘], 많네[만네], 뚫소[뚤쏘], 뚫네[뚤레](← [뚤네])

• 둘째 소리만 발음되는 경우

겹받침 'ㄻ, ㄿ' 의 경우 첫소리는 탈락하고 둘째 소리만 발음된다.

예) 삶[삼], 굶다[굼따], 젊다[점따]

읊다[읍따], 읊지[읍찌]

• 첫소리만 발음되거나 둘째 소리만 발음되는 경우

겹받침 'ㄼ, ㄺ' 중에서 'ㄼ' 은 /ㅂ/를 탈락시키고 /ㄹ/만 발음하는 것이 표준인데, '밟다' 와 '넓죽하다, 넓둥글다' 의 경우에는 예외적으로 /ㄹ/를 탈락시키고 /ㅂ/만 발음하는 것이 표준이다.

예) 여덟[여덜], 짧다[짤따], 넓다[널따]

밟다[밥따], 밟지[밥찌], 밟고[밥꼬]

'ㄺ' 은 첫 자음을 탈락시키고 둘째 자음 /ㄱ/만 발음하는 것이 표준이나, 그 뒤에 /ㄱ/가 이어 나올 때에는 둘째 자음을 탈락시키고 첫 자음 /ㄹ/만 발음하는 것이 표준이다.

예) 맑다[막따], 맑지[막찌]

맑고[말꼬], 맑게[말께]

자음의 분류 [子音의 分類]

자음을 몇 가지 기준으로 나누는 것.

말소리는 음가를 결정하는 요인들을 기준으로 분류하는데, 자음의 음가를 결정하는 가장 중요한 요인들로는 조음할 때 공기의 흐름이 장애를 받는 위치인 '조음위치(place of articulation)', 장애를 받는 방식인 '조음방식(manner of articulation)' 을 들 수 있다. 그 외에도 '기(aspiration)의 유무', '긴장(tenseness)의 유무' 등이 있다.

조음위치와 조음방식에 따른 자음의 분류표는 다음과 같다.

〈한국어의 자음 분류표〉

조음방법 \ 조음위치		양순음	치(조)음	경구개음	연구개음	성문음
파열음	평음	ㅂ	ㄷ		ㄱ	
	경음	ㅃ	ㄸ		ㄲ	
	격음	ㅍ	ㅌ		ㅋ	
마찰음	평음		ㅅ			
	경음		ㅆ			
	기음					ㅎ
파찰음	평음			ㅈ		
	경음			ㅉ		
	격음			ㅊ		
비음		ㅁ	ㄴ		ㅇ	
유음			ㄹ			

장단[長短]

비분절음운의 하나로 소리 길이가 길고 짧은 것.

한국어의 표준어에는 모음의 장단에 의해서 의미가 구별되는 어휘들이 있다. 그러나 일반 언중들은 이러한 장단의 차이를 제대로 구별하지 못하는 일이 많으므로 외국어로서의 한국어에서는 언급만 하고 넘어가는 정도로 하는 것이 좋을 것으로 보인다.

예) 장음 단음

눈[눈:] (雪) 눈[눈] (眼)

말[말:] (言) 말[말] (馬)

밤[밤ː] (栗)　　밤[밤] (夜)
잇다[읻ː따]　　있다[읻따]
낫다[낟ː따]　　낮다[낟따]

장모음 [長母音, long vowel]

발음의 지속 시간이 좀 긴 모음.

모음의 길이에 따라 장모음과 단모음으로 나눌 수 있다. 장음 표시는 'ː'로 하는데 표준어에서는 모음의 장단에 따라 의미가 달라지는 표현들이 있으나, 현실 언어에서는 대부분 모음의 장단을 제대로 구별하지 못하는 경우가 많다. 대개의 모음은 장단의 구별을 단순히 소리의 길이로 할 수 있으나, /ㅓ/와 /ㅓː/의 경우는 조음 시 혀의 전후 위치와 높낮이가 다르다. 즉 /ㅓ/는 후설 중저모음이지만 /ㅓː/는 중설 중고모음이다.

국어에서 장모음은 낱말의 첫 음절에서만 나타나는 경향이 있다. 그러나 자립성이 강한 형태소들로 이루어진 복합어의 경우에는 둘째 형태소의 첫 음절에서도 장모음이 나타난다.

예) 사ː람, 세ː상, 방ː송, 성ː격, 돕ː다, 웃ː다
　　맹ː연ː습, 가정방ː문, 세ː계대ː전, 까ː치설ː날

대부분의 'ㄷ, ㅂ, ㅅ' 불규칙용언과 'ㄴ, ㅁ' 받침을 가진 용언은 첫 음절에 장모음을 가지고 있다.

예) 걷ː다, 곱ː다, 낫ː다, 신ː다, 심ː다

장애음 [障碍音, obstruent]

발음 기관의 장애를 받으면서 나는 소리로 파열음, 마찰음, 파찰음을 통틀어 이르는 말.

한국어의 파열음에는 조음 위치에 따라 양순음인 /ㅂ, ㅍ, ㅃ/와 치조음인 /ㄷ, ㅌ, ㄸ/, 연구개음인 /ㄱ, ㅋ, ㄲ/가 있고, 이들은 또 평음인 /ㅂ, ㄷ, ㄱ/와 격음인 /ㅍ, ㅌ, ㅋ/ 그리고 경음인 /ㅃ, ㄸ, ㄲ/로 나뉠 수 있다. 그리고 마찰음은 치조음인 /ㅅ, ㅆ/와 성문음인 /ㅎ/가 있고, 치조음은 평음인 /ㅅ/와 경음인 /ㅆ/로 나뉘며, 파찰음은 모두 경구개음으로, 평음인 /ㅈ/, 격음인 /ㅊ/, 경음인 /ㅉ/가 있다.

재음절화 [再音節化]

한 음절의 종성이 다음 음절의 초성으로 이동하는 현상.

일단 음운론적 단어가 설정되면 음운론적 단어의 하위 단위인 음절이 구성되도록 음절화가 이루어진다. 즉 음절화는 음운론적 단어의 영역 안에서 이루어진다. 음절화는 일반적으로 주어진 분절음에서 [+syllabic]을 가진 분절음을 제일 먼저 음절에 연결시키고, 그 다음으로 해당 언어의 음소 배열 제약을 지키면서 두음과 말음을 차례로 음절에 연결시킨다. 이와 같이 음절화가 이루어지고 난 뒤에도 다시 음절구조가 조정되기도 한다.

예) 값없다　　값 + 없다/kap + ə:pt'a/ → [kabə:pt'a]

　　부엌 안　　부엌 + 안/puək^{h} + an/ → [puəgan]

전설모음 [前舌母音, front vowel]

혀의 최고점이 구강의 앞쪽에 위치하여 실현되는 모음.

한국어의 전설모음은 /ㅣ, ㅔ, ㅐ/이며 모두 평순모음이다. 고모음인 /ㅣ/보다는 /ㅔ/를, /ㅔ/보다는 /ㅐ/를 발음할 때 입을 벌리는 정도(개구도)가 더 커진다. 특히 /ㅔ/와 /ㅐ/의 발음을 구별하기 위해서는 /ㅔ/를 발음할 때는 손가락 한 개가, /ㅐ/를 발음할 때는 손가락 두 개가 들어갈 수 있도록 입을 벌리는 정도가 달라진다.

전설모음화 [前舌母音化]

모음 /ㅏ, ㅓ, ㅗ, ㅜ, ㅡ/가 뒤 음절의 전설 고모음 /ㅣ/의 영향으로 같은 높이의 전설모음 /ㅐ, ㅔ, ㅚ, ㅟ, ㅣ/로 바뀌는 현상.

이는 'ㅣ' 모음 역행동화라 하며, 표준 발음 규칙으로 인정되지 않는다.

예) 지팡이 → 지팽이, 앞잡이 → 앞잽이, 잡히다 → 잽히다
어미 → 에미, 부스러기 → 부스레기, 먹이다 → 멕이다
속이다 → 쇡이다, 쫓기다 → 쬧기다
죽이다 → 쥑이다
뜯기다 → 띧기다

다만 예외적으로 다음 낱말들은 전설모음화 규칙의 적용을 받은 형태가 표준으로 인정된다.

예) 냄비, 서울내기, 풋내기
멋쟁이, 소금쟁이, 담쟁이덩굴

조음방법 [調音方法, manner of articulation]

자음 분류 기준의 하나로 자음을 발음하는 방법.

자음은 조음방법에 따라 '파열음(plosive)', '마찰음(fricative)', '파찰음

(affricate)', '비음(nasal)', '유음(liquid)' 등으로 나뉜다.

• 파열음 : 허파로부터 성대를 통해 나오던 공기가 구강 안에서 완전하게 폐쇄됐다가 터져 나오며 나는 소리이다. 한국어에서는 'ㅂ, ㄷ, ㄱ' 계열의 /ㅂ, ㅃ, ㅍ, ㄷ, ㄸ, ㅌ, ㄱ, ㄲ, ㅋ/가 여기에 속한다. 파열음은 '폐쇄-압축(지속)-파열(개방)'의 단계를 거치게 되는데, 실제 공기를 외부로 개방하여 파열시키는 외파(explosive)와 밖으로 파열하지 않고 안에서 파열이 일어나는 내파(implosive), 또는 파열이 일어나지 않는 불파(unreleased)가 있다.

• 마찰음 : 두 조음기관을 바짝 접근시켜 좁혀진 틈 사이로 공기를 통과시켜서 조음하는 소리로 한국어에는 /ㅅ, ㅆ, ㅎ/가 있다.

• 파찰음 : 두 조음기관을 접근시켜 공기를 폐쇄시켰다가 완전히 개방하지 않고 조금만 개방해서 두 조음기관의 좁은 틈 사이로 공기를 통과시켜서 조음하는 소리로 ㅈ계열의 /ㅈ, ㅉ, ㅊ/가 있다.

• 비음 : 목젖이 구강으로 공기가 흐르는 것을 차단하고 비강을 통해 기류가 나오면서 울려 나는 소리로 /ㄴ, ㅁ, ㅇ/이 이에 속한다.

• 유음 : 조음 시 공기 흐름에 장애를 가장 적게 받는 자음으로 청각적으로 흐르는 듯한 느낌을 주는 소리이다. 한국어에는 /ㄹ/가 있는데 /ㄹ/는 환경에 따라 '설측음(lateral)'과 '탄설음(flap)'으로 실현된다. 설측음은 '달'의 받침소리처럼 혀의 앞쪽 윗면의 중앙 부분이 치조나 치조구개에 접촉하여 공기의 흐름을 막은 채 혀의 양옆을 통해 공기를 흘려보내면서 내는 소리이다. 그리고 탄설음은 '우리'의 /ㄹ/처럼 공기가 혀의 중앙 부분을 통해 나가면서 혀끝을 치조에 살짝 대는 듯하면서 내는 소리이다.

조음위치 [調音位置, place of articulation]

자음을 조음할 때 조음기관에서 공기의 흐름을 막거나 좁히는 자리.

한국어에서는 조음위치에 따라 '양순음(bilabial)', '치(조)음(dental/alveolar)', '경구개음(palatal)', '연구개음(velar)', '성문음(glottal)'으로 분류

된다.

• 양순음 : 조음 시 두 입술에 의해 장애가 일어나는 소리로, 한국어에서는 ㅂ계열의 파열음 /ㅂ, ㅃ, ㅍ/와 비음 /ㅁ/가 여기에 속한다.

• 치(조)음 : 치음은 혀끝을 윗니 뒤쪽에 대거나 접근시켜 조음하는 소리이고, 치조음은 혀끝을 윗잇몸에 대거나 접근시켜 조음하는 소리이다. 한국어의 파열음 /ㄷ, ㄸ, ㅌ/, 마찰음 /ㅅ, ㅆ/, 비음 /ㄴ/, 유음 /ㄹ/가 이에 해당되며, 개인에 따라 치음으로 발음되기도 하고 치조음으로 발음되기도 한다.

• 경구개음 : 혀끝을 아랫니 뒤쪽에 대고 혀의 앞부분(전설)을 경구개에 대거나 접근시켜 조음하는 소리이다. 한국어에서는 파찰음 /ㅈ, ㅉ, ㅊ/가 있다.

• 연구개음 : 혀의 뒷부분(후설)을 연구개에 대거나 접근시켜 조음하는 소리로 한국어에서는 파열음 /ㄱ, ㄲ, ㅋ/, 비음 /ㅇ/이 이에 속한다.

• 성문음 : 성문에서 만들어지는 자음으로 성대의 막음이나 마찰을 수반하는 소리이다. 한국어에서는 마찰음 /ㅎ/가 있다.

중화 [中和, neutralization]

별개인 두 개 이상의 음소가 어떤 음운적 환경에서 대립성을 잃고 동일한 음소로 나타나는 현상.

종성(받침)이 발음되는 양상을 규칙화한 것을 종성(받침) 규칙이라 하는데, 종성 규칙에는 중화 규칙, 겹받침 단순화, 격음화, 연음 규칙이 있으며, 이 규칙들은 음소 연결의 제약과 밀접한 관계가 있다.

한국어에서 중화 현상은 학교문법에서 말음법칙이나 받침법칙 등으로 불리던 것으로, 장애음이 종성으로 사용될 때 같은 조음 위치의 이완 파열음(비파열음, 내파음)으로 중화되어 /ㄱ, ㄴ, ㄷ, ㄹ, ㅁ, ㅂ, ㅇ/의 7자음으로 중화되는 것이다. 그리고 받침에서 나는 모든 음은 어두(초성)에서 실현되는 음과는 달리 파열되지 않은 음이다. 다시 말하면 '밥' 이라는 단어에서 어두의 이완 파열음 'ㅂ' 과 어말의 파열음 'ㅂ' 은 철자 상으로는 같지만 소리 면에서는 분명히 다르다.

양순음 /ㅂ, ㅍ/은 종성의 자리에서 /ㅂ/으로 실현되고, 치조음 /ㄷ, ㅌ, ㅅ, ㅆ/와 경구개음 /ㅈ, ㅊ/는 /ㄷ/로, 그리고 연구개음 /ㄱ, ㅋ, ㄲ/는 /ㄱ/로 실현된다. /ㅎ/는 성문음이지만 어말이나 /ㄴ/ 앞에서 /ㄷ/로 중화된다.

㉠ /ㅂ, ㅍ/ → /ㅂ/
밥[밥], 옆[엽], 앞집[압찝]
* 'ㅃ' 이 음절말 자음으로 된 단어는 없다.

㉡ /ㄷ, ㅌ, ㅅ, ㅆ, ㅈ, ㅊ/ → /ㄷ/
곧[곧], 밭[받], 여섯[여섣], 갔고[갇꼬], 낮[낟], 빛[빋]

㉢ /ㄱ, ㅋ, ㄲ/ → /ㄱ/
국[국], 부엌[부억], 밖[박]

㉣ /ㅎ/ → /ㄷ/
히읗[히읃], 낳는다[난는다] (← [낟는다])

첨가[添加]

어떤 음을 덧붙여 발음하는 현상.

1) 'ㄴ' 첨가

파생어나 복합어 구성에서 앞 형태소가 자음으로 끝나고 뒤 형태소가 /ㅣ, j/로 시작하는 고유어 복합어에는 /ㄴ/가 첨가된다.

예) 솜이불[솜니불], 늦여름[는녀름], 덧양말[던냥말]

'ㄴ-첨가' 는 복합어에서뿐만 아니라 구 구성을 이루는 두 개의 단어가 하나의 단어처럼 인식되어 발음될 때도 일어난다.

예) 한 일[한닐], 옷 입다[온닙따], 서른 여섯[서른녀섣], 지난 여름[지난 녀름]

한자어 복합어에서도 앞 음절이 자음으로 끝나고 뒤 음절이 /ㅣ, j/로 시작하면 'ㄴ-첨가'가 일어나는데, 한자어 복합어에서의 'ㄴ-첨가'는 뒤 형태소의 첫 음절 기저형이 /ㄴ, ㄹ/로 시작하는 경우에 주로 일어나고, /ㄴ, ㄹ/로 시작하지 않는 경우에는 잘 일어나지 않는다.

예) 신여성[신녀성], 신혼여행[신혼녀행], 완행열차[완행녈차]
송별연[송벼련], 국경일[국꼉일], 총인구[총인구]

한자 '역(驛), 염(炎, 鹽), 욕(慾, 浴), 용(用), 유(油), 육(肉)'은 셋째 음절 이하에서 /ㄴ/ 첨가에 의해 [녁, 념, 뇩, 뇽, 뉴, 뉵]으로 발음되고 '약(藥), 열(熱)'은 둘째 음절 이하에서 [냑, 녈]로 발음된다.

예) 종착역[종창녁], 결망염[결망념], 산성염[산성념], 지식욕[지싱뇩], 일광욕[일광뇩], 영업용[영엄뇽], 오향장육[오향장뉵], 좀약[좀냑], 정열[정녈]

2) 'ㄹ' 첨가

'ㄴ-첨가' 현상이 일어난 경우, 앞의 /ㄹ/의 영향으로 유음화되어 /ㄹㄹ/로 발음된다.

예) 들일[들릴], 솔잎[솔립], 불여우[불려우], 물엿[물렫], 설익다[설릭따]
천일염[처닐렴], 휘발유[휘발류], 알약[알략]

'ㄹ-첨가'는 복합어에서뿐만 아니라 구 구성을 이루는 두 개의 단어가 하나의 단어처럼 인식되어 발음될 때도 일어난다.

예) 문을 열다[무늘렬다], 스물 여덟[스물려덜]

축약[縮約]

두 형태소가 서로 만날 때 앞뒤 형태소의 두 음소나 음절이 한 음소나 음절로 되는 현상.

1) 자음축약

두 형태소가 만날 때 앞뒤 형태소의 두 자음이 하나의 자음으로 되는 현상을 이르며, 격음화(激音化)가 이에 해당한다. 즉, 국어의 평음 파열음 /ㅂ, ㄷ, ㄱ/와 평음 파찰음 /ㅈ/는 /ㅎ/가 앞에 놓이거나 뒤에 나타날 경우, 이 /ㅎ/와 융합하여 격음 /ㅍ, ㅌ, ㅋ, ㅊ/로 실현된다.

예) 좋고[조코], 좋다[조타], 싫지[실치], 먹히다[머키다], 닫히다[다치다]

/ㅎ/로 끝나는 겹받침 /ㅀ, ㄶ/ 뒤에 /ㄷ, ㄱ, ㅈ/로 시작되는 음절이 올 때, 그리고 /ㅂ, ㄱ/로 끝나는 겹받침 뒤에 /ㅎ/로 시작되는 음절이 올 때에도 격음화는 일어난다. 또한 이 격음화 규칙은 적용 범위가 넓어 다음의 예와 같은 구 구성에서 평음 파열음 /ㅂ, ㄷ, ㄱ/와 /ㅎ/가 만나도 두 낱말이 하나의 단어처럼 발음되면 격음화 규칙이 적용된다.

예) 밥 한 그릇[바판그른], 옷 한 벌[오탄벌]

2) 모음축약

어간 말 음절이 모음으로 끝나고 모음으로 시작하는 어미가 이어 나오면, 모음충돌(hiatus)이 일어나 어간 모음이 반모음으로 바뀌거나 두 모음 중 하나가 탈락하기도 한다. 이처럼 충돌하는 두 모음 중 어간 모음이 반모음으로 바뀌는 현상을 '반모음화(半母音化)' 라 한다.

어간 모음 /ㅣ/에 /ㅓ, ㅏ/로 시작되는 어미가 이어 나오면 어간 모음 /ㅣ/는 반모음 /j/로 바뀌는데 이 현상은 수의적이다.

예) 끼-+-었다 → 끼었다/꼈다, 피-+-었다 → 피었다/폈다

그리-+-어 → 그리어/그려

어간 모음 /ㅗ, ㅜ/에 /ㅓ, ㅏ/로 시작되는 어미가 이어 나오면 어간 모음 /ㅗ, ㅜ/는 반모음 /w/로 바뀌며, 이 현상도 수의적으로 발생한다.

예) 보-+-았다 → 보았다/봤다, 미루-+-어도 → 미루어도/미뤄도

어간 모음 /ㅚ/와 어미 모음 /ㅓ/가 이어 나오면, /ㅚ/와 /ㅓ/는 수의적으로 융합되어 /ㅙ/로 발음된다.

예) 되-+-었다 → 되었다/됐다, 꾀-+-어 → 꾀어/꽤

탈락[脫落]

둘 이상의 음절이나 형태소가 서로 만날 때 음절이나 음운이 없어지는 현상.

1) 자음과 관련된 탈락현상

동일한 어근에 속하는 형태소가 음성적 환경의 차이에 의하여 탈락되는 일이 있다.

'ㅅ' 불규칙 용언은 모음 어미 앞에서 용언 어간의 끝 자음 'ㅅ'이 탈락한다.

예) 짓다 : 짓 + -어 → 지어, 낫다 : 낫 + -아 → 나아

용언 어간의 끝 자음 /ㅎ/는 모음으로 시작하는 어미나 접미사 앞에서 필수적으로 탈락한다.

예) 좋은[조은], 낳았다[나앋따], 싫음[시름]

2) 모음과 관련된 탈락현상

어미의 첫 모음 /ㅡ/는 어간 모음이나 어간 끝 자음 /ㄹ/ 뒤에서 탈락하며, 단음절 어간의 끝 모음 /ㅡ/도 어미의 첫 모음 /ㅓ/ 앞에서 탈락한다.

예) 보+으니 → 보니, 주+으며 → 주며, 쓰+으니까 → 쓰니까
끄+으면 → 끄면, 울+으면서 → 울면서, 살+으면서 → 살면서
뜨+었다 → 떴다, 끄+어서 → 꺼서

어간이 '르'로 끝나는 용언들의 경우 어간의 끝 모음 /ㅡ/는 'ㅏ, ㅓ'로 시작하는 어미나 접미사 '-이'가 이어 나올 때 탈락하며, 어간과 어미 사이에 /ㄹ/가 첨가된다. 예외적으로 용언 '치르다, 이르다, 푸르다'의 어간에 /ㅓ/로 시작하는 어미가 이어 나오면 어간 모음 /ㅡ/가 탈락되지 않으며, '이르다, 푸르다'의 경우에는 어간과 어미 사이에 /ㄹ/가 첨가된다.

예) 흐르+었다 → 흘렀다, 다르+아 → 달라, 다르+이 → 달리
치르+어 → 치러, 이르+어 → 이르러, 푸르+어 → 푸르러

어미의 첫 모음 /ㅏ, ㅓ/는 어간 모음 /ㅏ, ㅓ, ㅔ, ㅐ/ 뒤에서 탈락한다.

예) 가+아서 → 가서, 서+었다 → 섰다

베+었다 → 베었다/벴다, 보내+었다 → 보냈다

평음[平音]

구강 내부의 기압 및 발음 기관의 긴장도가 낮아 약하게 파열되는 음. 이를 '예사소리' 라고도 한다.

국어의 평음 /ㅂ, ㄷ, ㄱ, ㅅ, ㅈ/는 음절 내의 위치에 따라 변이음을 갖는다.

• [p, t, k, s, tʃ]

'방, 달, 공, 상, 잘' 등과 같이 음절 초의 /ㅂ, ㄷ, ㄱ, ㅅ, ㅈ/는 무성 무기의 음가를 가지나 완전한 무기음으로 실현되지 않고 약간의 기식음이 나온다.

• [p˺, t˺ , k˺]

'밥, 닫, 각, 잣, 낮' 등과 같이 /ㅂ, ㄷ, ㄱ, ㅅ, ㅈ/가 음절 말에 위치할 경우 공기의 흐름이 폐쇄와 지속 후 파열이 되는 단계를 갖지 못하여 [바브, 다드, 나트, 자스, 나즈]처럼 되지 않고 [밥, 닫, 낟, 잗, 낟]이 된다. 이 변이음은 음절 말에서만 아니라 어중에서 다른 장애음이 뒤따라올 때도 동일하게 실현되고, 후속하는 장애음 평음들에 대해 경음화를 일으킨다. 음절 말의 /ㅅ, ㅈ/는 종성규칙에 의해 /ㄷ/로 실현된다.

• [b, d, g , dʒ]

음운 /p, t, k, tʃ /가 음절 말에 위치하더라도 뒤따라오는 음운이 모음일 경우, 재음절화를 통해 음절 초의 위치로 옮겨가면서 무성의 평음인 /p, t, k, tʃ /가 유성의 변이음 [b, d, g , dʒ]로 변한다(예 : 밥+이 : /pap+i/ → [pabi]).

어중에서 음운 /p, d, g , tʃ/가 두 번째 이상의 음절의 초성이고 이 음운에 선행하는 음운이 비음이나 유음, 모음일 때 무성의 평음인 /p, t, k, tʃ/가 유성의 변이음 [b, d, g , dʒ]로 변한다(예 : 단비 : /tan pi/ → [tanbi]).

'ㅎ' 불규칙활용 [ㅎ 不規則活用]

어간이 'ㅎ'으로 끝나는 형용사 가운데 활용될 때 'ㅎ'이 탈락되기도 하고 어미에 변화를 주기도 하는 현상.

불규칙용언 가운데는 어간과 어미가 함께 불규칙적으로 활용하는 것이 있다.

예) 파랗다, 파랗고, 파랗지…

파란, 파라면, 파래지다 cf. 좋은, 좋으면, 좋아지다

'ㅎ' 받침을 가진 형용사 가운데 대부분이 일반적인 자음 어미와 결합되면 그 어미가 기식음으로 바뀐다. 그런데 '으'가 삽입되는 어미나 모음 어미와 결합되면 사정이 달라진다. 규칙용언인 '좋다'는 '좋은, 좋으면'으로 활용되지만 '파랗다'는 '파랗은, 파랗으면'이 안 되고 'ㅎ'이 탈락되어 '파란, 파라면'이 된다. 그리고 '파랗-'이 모음 어미 '-아'와 결합되면 어간과 어미에 동시에 영향을 미쳐서, '랗'의 'ㅎ'이 탈락되고 어간 모음 'ㅏ'와 어미 '아'가 화합되어 'ㅐ'로 바뀐다. 'ㅎ'이 탈락되기도 하고 어미에 변화를 주기도 하는 이런 용언을 'ㅎ' 불규칙용언이라 하고 그런 현상을 'ㅎ' 불규칙활용이라 한다.

예) 'ㅎ' 불규칙용언 : 까맣다, 노랗다, 빨갛다, 누렇다, 보얗다, 뻘겋다, 부옇다… 등 〈형용사〉

'ㅎ' 규칙용언 : 좋다 〈형용사〉

후설모음 [後舌母音]

혀의 뒤쪽과 연구개 사이에서 발음되는 모음.

국어의 후설모음에는 /ㅡ, ㅜ, ㅗ, ㅓ/가 있으며 이 중에서 /ㅡ, ㅓ/는 평순모음, /ㅜ, ㅗ/는 원순모음이다. /ㅗ/는 /ㅓ/보다 입을 덜 벌리고 발음하며, 입술을 동그랗게 모아 원순으로 발음한다는 점이 다르다.

후음 [喉音, glottal]

인두의 벽과 혀뿌리를 마찰하여 내는 소리.

이를 '성문음' 이라고도 한다.

국어의 성문 마찰음 /ㅎ/는 일정한 음가로 실현되지 않고, 후속하는 모음에 따라 다양한 변이음으로 실현된다. 성문 마찰음 /ㅎ/의 음운 표기는 /h/이나, 이 평음은 음절 내의 위치에 따라 다음의 변이음을 갖는다.

- [ç]

'힘, 혀, 향' 등과 같이 'ㅣ' 나 'j-계 이중모음' 이 후속하는 음절 초의 /ㅎ/은 경구개 마찰음으로 발음된다(예 : 힘 /him/ → [çim]).

- [x]

'흐리다' 에서와 같이 /ㅎ/에 후설 고모음이 후행하면 연구개 마찰음 [x]로 발음된다(예 : 흐리다 /hɯrita/ → [xɯɾida]).

한국어 문법론

간접화법 [間接話法, indirect narration]

문장이나 대화의 표현에 있어서 남의 말을 인용하여 전할 때, 현재 말하는 사람의 입장에서 자신의 말을 객관화, 일반화하여 인칭이나 시제 등을 고쳐서 남에게 전달하는 화법.

직접화법에서는 따옴표(" ")를 쓰는 반면에 간접화법에서는 따옴표를 쓰지 않고, 남의 말 가운데 나타난 대명사나 높임말, 겸손의 말, 날짜 등을 말을 전하는 사람의 입장으로 바꾸게 된다. 문장 종결의 유형별로 살펴보면 다음과 같다.

① 모든 평서문의 종결어미와 감탄어미가 '-다'로 통일된다.

예 : 나는 그에게 "지금 영화가 시작해요."라고 말하였다. → 나는 그에게 그때 영화가 시작된다고 말했다. 영수가 "오늘 날씨가 꽤 춥구나." 하고 말했다. → 영수가 그날 날씨가 꽤 춥다고 말했다.

② 모든 의문문은 서술어가 동사이면 '-느냐', 형용사이면 '-(으)냐', 서

술격 조사이면 '-(이)냐'로 통일된다.

예 : 나는 동생에게 "뭐 하니?" 하고 물었다. → 나는 동생에게 뭐 하느냐고 물었다. 그는 나에게 "기분이 좋아?" 하고 물었다. → 그는 나에게 기분이 좋으냐고 물었다. 나는 그에게 "어느 나라 사람이에요?" 하고 물었다. → 나는 그에게 어느 나라 사람이냐고 물었다.

③ 모든 청유문에서 서술어의 의미는 '-자'로 통일된다.

예 : 나는 그에게 "영화 보러 갑시다."라고 했다. → 나는 그에게 영화 보러 가자고 했다.

④ 모든 명령문에서 서술어의 어미는 '-(으)라'로 통일된다.

예 : 나는 선생님께 "안녕히 가십시오."라고 말했다. → 나는 선생님께 안녕히 가시라고 말했다.

감탄사 [感歎詞, interjection]

말하는 이의 본능적인 놀람이나 느낌, 부름, 응답 등을 간단하게 나타내는 품사의 하나.

간투사(間投詞)·감동사(感動詞)·느낌씨라고도 한다. 대개 문장의 서두나 말미에 위치하지만 문장구성의 기본 성분은 아니다.

㉠ 네, 알겠습니다.

㉡ 저, 말씀 좀 여쭙겠습니다.

㉢ 어머, 눈이 오네요.

㉣ 다음에 다시 오죠, 뭐.

위에서 밑줄 친 '네, 저, 어머, 뭐'는 감탄사인데, 다른 품사를 수식하거나 수식되지 않고 연결된 문장 속의 어떤 말과도 문법적 관련이 없다.

객체높임법 [客體-]

화자가 객체를 언어로써 높이거나 낮추어 표현하는 것.

객체대우법, 객체존대법, 객체경어법이라고도 부른다.

객체를 존대할 경우에는 조사 '에게' 대신 '께'를 사용하고, 객체를 존대하는 '드리다, 여쭙다, 뵙다, 모시다' 등의 동사를 사용한다.

㉠ 이 책을 동생에게 주어라. (객체 비존대)

㉡ 책을 선생님께 드려라. (객체 존대)

㉠은 화자가 객체인 '동생'을 낮추어 대우한 것이고, ㉡은 화자가 객체인 '선생님'을 높여서 대우한 것이다.

격 [格, case]

명사 · 대명사 등이 문장 안에서 다른 단어와 가지는 관계.

한국어에서는 '가/이, 을/를, 에게, 에, (으)로, 부터, 에서부터, 의' 등 소위 격조사(格助詞)로 표시된다. 명사와 격의 표시가 한층 긴밀하게 되어, 격이 명사의 어형변화에 의하여 표시되는 경우가 있으며, 그 결합의 밀접한 예는 인도유럽어의 굴절(屈折)에서 보게 된다.

격식체 [格式體]

상대높임법의 하나.

격식체는 주로 예의와 격식을 차려 말해야 하는 공식적인 자리에서 사용되며, 화자와 청자와의 개인적 친분보다는 사회적 관계를 더 우선하는 상황에서 쓰이므로 비교적 객관적이고 딱딱하며 거리감이 느껴진다. 반면에 비격식체(非格式體)는 예의와 격식을 크게 차리지 않아도 되는 사적인 자리에서 가까운 사람들끼리 대화할 때 사용되며, 화자와 청자의 개인적 친분을 더 우선하는 상황에서 쓰이므로 비교적 주관적이고 부드러우며 친밀감이 느껴진다.

격식체에는 '해라체, 하게체, 하오체, 합쇼체' 같은 것이 있고, '비격식체'에는 '해체, 해요체' 등이 있다.

고유명사[固有名詞, proper noun]

특정한 사물이나 사람을 다른 것들과 구별하기 위하여 붙인 고유의 기호나 명칭.

명사의 한 부류로, 인명 · 지명 · 국명 · 책명 · 사건명 등이 이에 속한다. 예컨대, '철수'라는 개인의 이름은 특정한 사람을 다른 사람과 구별하는 이름이고, '신라'는 여러 나라 가운데서 어느 한 나라를 드러내기 위해 붙인 이름으로 모두 고유명사이다. '부산, 한강, 설악산, 동해' 등도 '도시, 강, 산, 바다' 등과 비교하면 고유명사로서의 특수성을 이해할 수 있다. 반면에 세상에서 유일하게 존재하는 '태양, 달' 등은 다른 것과 구별할 필요가 없기 때문에 고유명사에 속하지 않는다고 보는 것이다.

고유명사는 특정한 대상에 대해 붙여진 이름이므로 그런 속성을 가진 대상은 오직 하나밖에 없다. 한편 '홍길동'이라는 인명은 동명이인(同名異人)이 있는 경우라도 고유명사에 속하지만, '홍길동'이 신비한 능력을 가진 사람이라는 뜻으로 쓰이는 경우라면 고유명사가 아니라 보통명사화한 것으로 간주되기도 한다.

관형사 [冠形詞, unconjugation adjective]

체언 앞에 놓여서, 그 체언의 내용을 자세히 꾸며 주는 품사.

관형사는 조사도 붙지 않고 어미 활용도 하지 않는다. 관형사와 접두사는 다음에 오는 단어나 어근의 의미를 제한하는 기능을 하는 공통점이 있으나, 차이점도 있다. 관형사와 명사 사이에는 다른 단어가 끼어들 수 있으나, 접두사와 명사 사이에는 어떤 단어도 끼어들 수 없으며, 관형사는 접두사에 비하여 그 뒤에 오는 명사의 제약을 널 받는나.

관형사는 의미에 따라 성상관형사, 지시관형사, 수관형사로 나뉜다. 성상관형사(性狀冠形詞)는 성질이나 상태의 의미를 나타내는 관형사로 '오랜, 새, 헌, 딴, 순(純), 웬' 등이 있고, 지시관형사(指示冠形詞)는 어떤 대상을 가리킴을 나타내는 관형사로 '이, 그, 저, 이런, 그런, 저런, 무슨, 각(各), 모(某)' 등이 있다. 그리고 수관형사(數冠形詞)는 수효를 나타내는 관형사로 '여러, 모든, 갖은, 뭇, 전(全)' 등이 이에 해당된다.

관형절 [冠形節]

관형어의 기능과 마찬가지로 뒤에 오는 명사류를 수식하는 기능을 가진 절.

주로 '-(고 하)는'이 결합하거나, 한 문장의 서술어가 관형형 어미 '-는, -(으)ㄴ, -(으)ㄹ, -던'이 결합한 다음, 전체 문장 안의 다른 명사를 수식한다.

㉠ 출산율이 조금 올라갔다는 조사 결과가 나왔다.
㉡ 어제 산 옷이 내게 잘 어울린다.

㉠은 내포문에 '-(고 하)는'의 형식을 갖춰서 뒤 명사를 수식하고 있는 긴 관형절의 형식이고, ㉡은 서술어에 관형형 어미 '-는/은' 또는 '-(으)ㄹ'이 결합된 짧은 관형절이 명사를 수식하고 있다.

관형절은 모든 종류의 명사를 수식할 수 있으나 명사의 의미 유형에 따라 결합하는 관형절 형식에는 제약이 있다. 반드시 그런 것은 아니나, 일반적으로 '소문, 소식, 질문, 보도, 연락…' 등의 명사는 긴 관형절의 수식을 받고, '사건, 기억, 경험, 경력, 용기…' 등의 명사는 짧은 관형절 수식을 받는다.

관형절은 수식하는 명사의 유형에 따라 필수적(必須的) 관형절과 수의적(隨意的) 관형절로 나눌 수 있다. 필수적 관형절은 동격(同格) 관계절, 또는 보문절(補文節)이라고 하며 명제성(命題性) 명사들을 수식한다. 수의적 관형절은 관계 관형절 또는 관형절이라고 하는데 일반 명사를 수식한다.

굴절[屈折, inflection]

단어의 문법적인 기능 · 관계 등을 보이기 위해서 어형(語形)의 일부를 변경시키거나 어미를 붙이는 형태론적 절차.

일반적으로 국어의 굴절은 선행 어기와 굴절 접미사의 결합에 의하여 이루어지며, 파생은 접두 파생을 제외하면, 선행 어기와 파생 접미사의 결합에 의하여 이루어진다. 따라서 굴절 접미사는 문장 형성에 참여하는 요소로, 파생 접미사는 단어 형성에 참여하는 요소로 이야기된다.

굴절과 파생의 분별 기준 가운데 가장 잘 알려진 것은 선행 어기와의 결합으로 인해 통사범주의 변화가 일어나는가 나지 않는가 하는 것이다. 곧, 굴절은 선행 어기의 통사범주를 유지하는 반면에 파생은 선행 어기의 통사범주를 바꾼다. 또한 굴절은 생산적이어서 체계상의 빈칸이 없는 반면에 파생은 비생산적이어서 체계상의 빈칸을 보인다.

규칙활용[規則活用]

동사와 형용사 같은 용언이 활용할 때 어간과 어미의 형태가 규칙적인 것.

예를 들어 '먹다-먹고 · 먹으니 · 먹어서, 읽다-읽고 · 읽으니 · 읽어서' 등과 같이 어미에 따라 형태는 달라지지만 '먹', '읽' 등의 어간에는 변화가 없는 것을 가리킨다.

이와는 달리 '듣다-듣고 · 들어요(ㄷ 불규칙활용), 낫다-낫고 · 나아요(ㅅ 불규칙활용), 춥다-춥고 · 추워요(ㅂ 불규칙활용), 고르다-고르고 · 골라요(르 불규칙활용)' 등과 같이 일반적인 음운규칙을 적용할 수 없거나 일반적인 어미가 아닌 특수한 어미를 취하는 것을 불규칙활용(不規則活用)이라고 한다.

내포문 [內包文, embedded sentence]

다른 문장의 한 성분으로 안기어 있는 문장.

내포문을 구성하는 방법은 여러 가지가 있다. A 문장이 B 문장 속에 안길 때 A가 명사절로 안기거나 관형사절로 안길 경우에는 각각 명사형 전성어미, 관형사형 전성어미를 사용하는 반면, 부사절로 안기는 경우는 부사형 어미나 부사화 파생접미사인 '-이'가 쓰이고, 인용 절로 안기는 경우는 '-고, -라고, -다고, -냐고, -자고'와 같은 인용어미가 사용된다. 서술절로 안기는 경우는 아무런 형태도 필요하지 않다.

- 그가 범인임이 밝혀졌다. (명사절 내포문)
- 내가 본 영화는 요즘 가장 인기 있는 것이다. (관형사절 내포문)
- 동규는 잘생겨서 인기가 좋다. (부사절 내포문)
- 기린은 목이 길다. (서술절 내포문)
- 친구가 나에게 약속 시간을 꼭 지키라고 했다. (인용절 내포문)

높임법

어떤 대상을 언어로써 존대하거나 평대하거나 하대하는 문법범주.

이는 높임법, 대우법(待遇法), 존비법(尊卑法), 존대법(尊待法) 등으로 일컫기도 한다. 한국어의 높임법은 높이는 대상이 누구 또는 무엇이냐에 따라 '주체높임법, 상대높임법, 객체높임법' 등으로 나뉜다.

주체 높임법은 화자가 문장의 주체를 언어로써 높이거나 낮추어 표현하는 높임법이다. 주체를 존대할 경우에는 주격 조사 '께서'를 사용하며, 주어와 호응하는 서술 동사의 어간에 주체 존대 선어말어미 '-시-'를 결합하여 표현하나, 주체를 낮추어 표현할 때는 '-시-'를 주체와 호응하는 용언의 어간에 결합하지 않고 표현한다. 주체가 존대하는 사람의 소유물일 때에도 주체와 호응하는 용언에 '-시-'를 결합하여 표현함으로써 간접적으로 존대하는 이를 높여 말한다(예 : 선생님은 안경이 멋지시다.). 그리고 화자가 존대하여야 할 주체라고 하더라도 주체가 청자보다 윗사람인 경우에는 주체를 하대하여 표현하는데 이를 압존법(壓尊法)이라고 한다(예 : 부장님, 이 과장이 외출 중입니다.).

상대높임법은 화자가 청자를 언어로써 존대하거나 평대하거나 하대하여 표현하는 높임법이다. 상대높임법의 화계(話階)는 지역, 연령, 세대, 사회 계층 등에 따라 다르다. 서울말의 화계는 중년층 이상의 사람들 중 상당수가 사용하는 구형 체계와 중년층 이하의 사람들 중에서 상당수가 사용하는 신형 체계로 나뉜다. 구형 체계(舊型體系)는 '하십시오체, 하시오체, 하오체, 하시게체, 하게체, 해라체' 등으로 나뉘고, 신형 체계(新型體系)는 '하세요체, 해요체, 해체'로 나뉜다.

객체높임법은 화자가 객체를 언어로써 높이거나 낮추어 표현하는 높임법이다. 객체를 존대할 경우에는 조사 '에게' 대신 '께'를 사용하고, 객체를 존대하는 '드리다, 여쭙다, 뵙다, 모시다' 등의 동사를 사용한다.

능동태 [能動態, active voice]

문법에서 주어가 어떤 동작이나 작용을 스스로 하였을 때, 동사가 취하는 형식.

수동태(受動態, passive voice)에 대립된다. 능동태는 행위자-행위의 관계를 나타낸다.

단문 [單文, simple sentence]

주어와 서술어가 각각 하나씩 있어서 둘 사이의 관계가 한 번만 이루어지는 문장.

홑문장이라고도 하며 복문(複文)과 대립되는 개념이다. 단문은 주어-서술어 구성을 하나만 갖는, 가장 단순하고 기본적인 유형의 문장이다. 예를 들어 '그가 얼굴에 미소를 띠었다.' 나 '영미는 아주 예뻐요.' 와 같은 문장이 단문이다.

한국어에서 단문은 동사문, 형용사문, '무엇이 무엇이다' 유형의 계사문(繫辭文)으로 분류할 수 있으며, 동사문은 다시 목적어를 갖는 타동사문과 목적어를 갖지 않는 자동사문으로 나뉜다.

단일어 [單一語, simple word]

하나의 실질형태소로 된 말.

한 단어는 한 형태소와 같거나 그보다 커야 하므로 단일어는 한국어 어휘 중 가장 단순한 구조를 가진 것이라고 할 수 있다.

우리말에서 단일어는 한 음절이나 두 음절로 이루어진 것이 많다.

한 음절로 이루어진 말 : 강, 산, 들, 해, 달, 땅, 손, 발, 물, 불, 병, 봄, 책 등
두 음절로 이루어진 말 : 하늘, 바다, 사람, 나무, 거울, 여름, 가을, 학교 등

동사나 형용사와 같이 형태 변화를 보이는 경우에는 비록 둘 이상의 형태소로 이루어졌다 하더라도 그 어간이 둘 이상의 형태소로 이루어진 것이 아니면 단일어로 본다. 한국어에서 동사와 형용사가 아무리 다양한 활용을 하더라도 한국어 사전에는 그 대표형을 'X-다' 형태로 통일하여 하나의 어휘소로만 등재하므로, 동사나 형용사의 어미 활용을 한 어형도 단일어로 보는 것이다.

대명사 [代名詞, pronoun]

품사의 일종으로, 발화장면(發話場面)이나 담화 또는 문장 속에 주어진 대상이나 문장 자체를 이름 대신 직접 가리켜 부르는 단어의 집합.

대명사는 대체로 대체될 수 있는 명사를 전제로 하여 파악되고, 그 특징도 명사와의 비교에서 파악되는 것이 일반적이다. 대명사가 발화장면 속에 주어진 인물이나 사물을 직접 가리킬 때 이를 화용적 용법(話用的用法)이라 하고, 담화나 문장 속에 주어진 인물이나 사물 혹은 문장 자체를 가리킬 때 이를 대용적 용법이라고 한다. 대명사는 명사를 대신하는 것으로 알려져 있으나, 화용적 용법에서는 이름이 없거나 모르는 대상도 대명사로 가리킬 수 있으며(예 : 저것은 무엇입니까?), 대용적 용법에서는 명사나 명사구, 또는 구나 절, 또는 문장의 내용을 받을 수도 있다. 가령 어떤 화자가 '영희는 똑똑하다.' 라고 하고, 그에 대하여 다른 화자(즉, 청자)가 '그는 내 동생이다.' 라고 했을 때, 후행 담화의 '그' 는 선행담화의 '영희' 를 선행사로 하는 대명사이며, 다른 화자가 '그것은 틀린 말이다.' 라고 했을 때의 '그것' 은 선행담화 전체를 선행사로 하는 대명사이다.

대명사는 상황지시(狀況指示)에 얽매여 있다는 특징을 가진다. '자동차' 나

'조랑말' 은 누가 말하든 '자동차' 요 '조랑말' 이다. 지영에게 '자동차' 인 것이 은숙에게는 '비행기' 나 '목걸이' 가 될 수 없다. '조랑말' 역시 지영에게도 '조랑말' 이요. 은숙에게도 '조랑말' 이다. 그러나 '나' 라는 대명사를 예로 보면 그렇지 않다. 같은 지영을 놓고 지영은 '나' 라고 하지만 은숙은 '너' 라고 한다. 즉 '나' 는 상황에 따라서 지영을 가리킬 수도 있고 은숙을 가리킬 수도 있으며, 또 때에 따라서는 지영의 언니를 가리킬 수도 있다. 같은 '자동차' 를 두고도 "그것 어디서 샀니?" 에서처럼 '그것' 이라고 할 수 있지만, "이것 말이니?" 에서처럼 '이것' 이라고 말할 수도 있다. 상황에 따라 같은 자동차가 '그것' 이 되기도 하고, '이것' 이 되기도 하는 것이다. 이처럼 화자를 기점(基點)으로 하여 화자 자신이나 그 주변의 것을 가리키는 말을 상황지시소(狀況指示素), 또는 단순히 지시소(指示素)라고 하는데, 대명사는 이러한 상황지시적(狀況指示的)인 기능을 가진 정형적인 부류다.

대명사는 그 가리키는 대상에 따라 크게 인칭대명사(人稱代名詞)와 지시대명사(指示代名詞)로 나뉜다. 인칭대명사는 상황지시의 원점인 화자를 중심으로, 또한 화자와 청자가 이루는 축(軸)을 중심으로 1인칭대명사(나 · 저 · 우리 · 저희 등) · 2인칭대명사(너 · 당신 · 그대 · 너희 등) · 3인칭대명사(그 · 이이 · 이분 · 저이 · 그들 · 이들 · 저들 등) · 부정칭(아무 · 누구) · 미지칭(누구) · 재귀대명사(자기 · 저 · 당신) 등으로 나뉜다. 지시대명사는 다시 사물을 그 지시내용으로 하는 사물대명사(이것 · 저것 · 그것 · 무엇 · 이 · 그 등)와 장소를 그 지시내용으로 하는 처소대명사(여기 · 저기 · 거기 · 어디 등)와 때로 방향을 그 지시내용으로 하는 방향대명사(이리 · 저리 · 그리 등)로 나뉜다. 지시대명사 가운데 '이' 를 가지는 형식(이 · 이것 · 이들 등)은 화자에게 가깝거나 화자 관심의 대상을 나타내는 근칭(近稱)대명사이며, '그' 를 가지는 형식(그 · 그것 · 거기 등)은 청자에게 가깝거나 청자 관심의 대상을 나타내는 중칭(中稱)대명사이고, '저' 를 가지는 형식(저 · 저것 · 저기 등)은 화자와 청자에게 동시에 멀리 떨어진 대상이나 청자의 관심에는 없다고 화자가 생각하는 대상을 나타내는 원칭(遠稱)대명사이다.

국어의 대명사는 쓰임이 활발하지 않은 편이다. 특히 존귀한 인물을 대명사로 지시하는 것은 대우법에 어긋나는 것으로 여긴다. 따라서, 대명사를 쓸 만한 자리에 명사를 쓰는 경우가 많다. 국어에 대명사가 덜 발달된 것은 이 때문이다.

독립어 [獨立語]

문장의 어느 성분과도 직접적인 관계없이 독립적으로 쓰이는 문장성분.

감탄사, 호격 조사가 붙은 명사, 제시어, 대답하는 말, 문장 접속 부사 등이 이에 속한다. '아, 달도 밝다.', '영미야, 어서 가자.', '청춘, 이는 듣기만 하여도 가슴 설레는 말이다.', '네, 그렇습니다.', '기온이 낮다. 그러나 바람은 불지 않는다.' 에서 '아', '영미야', '청춘', '네', '그러나' 가 독립어이다.

독립어는 해당 명사가 사람을 나타내면 호격조사가 붙거나 생략될 수 있지만 해당 명사가 사람이 아닌 경우는 호격조사가 붙을 수 없다. 또한 '어머니, 당신이 너무나 그립습니다.' 에서처럼 존칭 명사인 경우는 대개 호격 조사가 붙지 않는다

동사 [動詞, verb]

사람이나 사물의 동작이나 어떤 과정 등을 나타내는 품사.

활용할 수 있어 서술어나 수식어로 쓰이는 용언이다. 기능면에서 유사한 형용사와는 의미면, 분포면, 형태면에서 차이가 난다.

동사는 형용사와 달리 진행형이 있으며 명령형어미와 청유형어미를 취하고 부정형에서 '-지 말다' 와 결합한다. 또한 동사는 평서형 어미 '-ㄴ다/-는다', 관형사형 어미 '-는', 감탄형 어미 '-는구나', 명령형 어미 '-어라', 청유형 어미 '-자, -세' 와 결합할 수 있다.

이처럼 동사와 형용사는 형태면에서 분명하게 구별되지만 서술어와 수식

어로 쓰이는 기능상의 유사점을 근거로 최근의 일부 학자들은 형용사를 동사에 포함시키고, 동사 범주를 둘로 나누어 형용사를 상태동사(狀態動詞)로 보고 원래의 동사를 동작동사(動作動詞)로 간주하기도 한다.

동사는 목적어를 가지느냐의 여부에 따라 목적어를 취하지 않는 자동사와 목적어를 취하는 타동사로 구분하고, 사동성의 여부에 따라 주동사와 사동사로 나누기도 한다. 특정 문법 현상을 다루기 위해 과정동사('자라다', '변색하다' 등)나 대칭동사('닮다', '만나다' 등) 등의 유형을 두기도 한다. 그 외에 본동사 뒤에서 본동사의 서술 기능을 돕는 역할을 하는 보조동사가 있다.

명령문 [命令文, imperative sentence]

화자가 청자에게 무엇을 시키거나 행동을 요구하는 문장 유형.

서술어는 명령형 어미로 끝맺으며, 상대방에 대한 높임의 등급에 따라 다음과 같이 여러 가지 형태로 나타난다.

[합쇼체] 어서 오십시오.

[하오체] 어서 오오.

[해요체] 어서 와요.

[하게체] 어서 오게.

[해라체] 어서 와라.

[해체] 어서 와.

그러나 아무리 등급이 높은 높임법을 사용하여도 아주 윗사람에게 명령문을 사용하는 일은 그리 예의 바른 것이 아닌 경우가 많으므로 명령의 의미를 가질 수 있는 다른 문장 형식, 즉 의문의 형식이나 제안 및 권유의 형식을 쓰는 일이 많고, 명령문을 쓰더라도 '-아/어 주십시오'와 같은 다소 긴 형식으로 말하는 경우가 많다.

㉠ 빨리 와라.

㉡ 어서 들어오세요.

㉢ 기대하시라, 개봉박두!

㉣ 알맞은 답을 고르라.

㉠, ㉡과 같이 상대와 대면하면서 상대를 의식하는 경우에 쓰는 '직접 명령문', ㉢, ㉣과 같이 상대와 대면하지 않은 불특정 다수에 대하거나 대면하더라도 상대를 의식하지 않고 거리감을 두는 경우에 쓰는 '간접 명령문'이 있다.

명사 [名詞, noun]

관형어의 수식을 받는 품사로서 뒤에 조사를 취하여 문장의 여러 성분으로 기능하는 문법적 성질을 가진 품사.

의미적 측면에서는 주로 사물의 이름을 나타내는 품사이다.

명사는 다른 품사와의 통사적 관계와 의미 특성에 따라 몇 가지 유형으로 하위분류할 수 있다.

인명, 지명, 상표 등 특정한 대상을 지칭하는 명사로서 그 사용이 극히 제한되는 명사인 고유명사와 쓰임의 범위에 제한이 없이 두루 지칭할 수 있는 명사인 보통명사가 있다.

(1) a. 사람, 나무, 꽃, 학교, 시
    b. 이순신, 한라산, 남대문, 영산강

(1a)가 보통명사의 예이고 (1b)가 고유명사의 예이다. 고유명사는 특정한 대상에만 쓰이기 때문에 양화사 관련 구문에 쓰일 수 없다는 제약이 있다.

그밖에 자립하여 쓰일 수 있는지의 여부에 따라 통사적으로 관형어의 수식을 받지 않고 쓰일 수 있는 명사인 자립명사와 반드시 관형어의 수식을 받아야만 쓰일 수 있는 명사인 의존명사로 나눌 수도 있다.

또한 명사는 그 지시 대상이 구체적 실체가 있는 명사인 구상명사와 대상물로서 구체적 실체가 없는 명사를 지칭하는 추상명사로 나누기도 하며, 그 의미 사실로서 감정 표현이라는 속성을 가진 명사를 지칭하는 유정명사와 그러한 속성을 가질 수 없는 명사들을 지칭하는 무정명사로 구분하기도 한다.

명사절 [名辭節]

명사 구실을 하는 절.

한 문장이 다른 문장의 한 성분으로 들어가는 방식으로 이루어지는 내포문에 삽입되는 성분 절은 문법적 기능에 따라 명사절, 관형절, 부사절, 서술절, 인용절로 구분된다.

명사 혹은 명사구는 문장에서 주어, 목적어, 부사어를 담당하는 성분인데 한 절이 다른 문장 속에 들어가 명사구 기능을 한다는 것은 그 절이 문장 속에서 주어나 목적어, 부사어로 쓰이는 것을 말한다. 절이 명사구의 기능을 하기 위해서는 절의 문말 어미 부분에 명사형 어미, '-음' 이나 '-기' 를 결합하여 명사 형식을 갖추어야 한다.

- 영미가 청소를 했음이 분명하다.
- 나는 지영이가 돌아오기를 간절히 바란다.

목적어 [目的語, object]

타동사가 표현하는 행위의 대상이 되는 문장성분.

부림말이라고도 하며 '철수가 물을 마셨다.' 에서 '물을' 이 타동사 '마시다' 의 목적어가 된다. 목적어는 체언 구실을 하는 말에 목적격조사 '을/를' 이 붙어서 이루어지며, 목적어의 위치는 서술어인 동사 앞에 오는 것이 자연스럽다.

국어에서 목적어는 필수적인 성분으로 '*철수가 했다.' 에서와 같이 문맥에서 무엇이 목적어인지 분명하게 드러나지 않는 한 생략되지 않는다. 한편 한 문장에 목적어가 한 개 있는 것이 일반적이지만 둘 이상 나오는 경우도 있다. 예를 들어 두 번째 목적어가 첫 번째 목적어의 부분, 종류, 수량일 때는 '철수가 귤을 두 상자를 샀다.' 와 같이 쓸 수 있다.

문법범주 [文法範疇]

조사와 활용어미로 실현되는 문법 현상으로, 문법적으로 구분되는 언어 현상을 그 특성에 따라 묶은 것.

한국어의 대표적인 문법범주로는 격(格), 시제(時制), 서법(敍法), 태(態), 부정법(否定法), 대우법(待遇法) 등이 있다.

격은 주로 체언이 문장에서 다른 단어와 맺는 통사, 의미적 관계를 나타내는 문법범주이다. 다른 언어에서는 굴절 접사, 전치사, 어순 등에 의하여 실현되나 한국어에서는 조사에 의해 실현된다. 격은 기능에 따라 주격(主格), 보격(補格), 목적격(目的格), 관형격(冠形格), 부사격(副詞格), 독립격(獨立格) 등으로 분류된다.

시제는 어떤 사건, 행위, 상태 등의 시간적 위치를 나타내는 언어 형식으로 어떤 기준시(基準時)를 중심으로 사건, 행위, 상태 등의 앞뒤 시간적 위치를 표현하는 문법범주이다. 시제는 기준시에 따라 여러 가지로 나뉘는데, 발화시(發話時)를 기준시로 하는 시제를 절대 시제(絶對時制)라 하고, 사건시(事件時)를 기준시로 하는 시제를 상대 시제(相對時制)라고 한다. 한국어의 시제는 용언과 시간 부사에 의하여 실현된다.

서법은 듣는 사람이나 사건에 대한, 말하는 사람의 태도를 활용 형태로 표현하는 문법범주이다. 서법 중에서 선어말 어미(先語末語尾)로 표현되는 것으로는 '직설법(直說法), 추측법(推測法), 회상법(回想法), 확인법(確認法)' 등이 있고, 종결 어미로 실현되는 서법으로는 '평서법(平敍法), 의문법(疑問法), 명령법(命令法), 청유법(請誘法), 기원법(祈願法), 감탄법(感歎法), 응낙법(應諾法), 약속법(約束法)' 등이 있다.

태에는 크게 피동과 사동이 있다. 피동은 어떤 주체가 동작 또는 상태의 변화를 입음을 표현하는 것으로, 주체의 동작이나 상태의 변화가 다른 행위자에 의하여 이루어짐을 나타내는 문법범주이고, 사동은 사동자가 피사동자로 하여금 어떤 일을 시킴을 표현하는 문법범주이다.

부정법은 부정소(否定素)인 '아니'나 '못'으로써 어떤 사실이나 가치를 부정함을 나타내는 문법범주이다. 부정법은 부정문의 길이에 따라 '단형(單形) 부정법'과 '장형(長形) 부정법'으로 나뉘고, 사용되는 부정소에 따라 '안 부정법'과 '못 부정법'으로 구분된다.

대우법은 어떤 대상을 언어로써 존대하거나 평대하거나 하대하는 문법범주로, 사람과 사람 사이의 종적인 신분 관계와 횡적인 친소 관계를 언어로써 표현하는 법이다. 대우법을 높임법, 경어법, 존비법, 존대법 등으로 일컫기도 한다. 대우는 화자, 청자, 제삼자(第三者) 간의 상호 관계에서 성립하며 한국어의 대우법은 대우하는 대상이 누구 혹은 무엇이냐에 따라 주체대우법, 청자대우법, 객체대우법 등으로 나뉜다.

문장성분 [文章成分, sentence component]

일정한 문법적 기능을 가진 단위.

하나의 문장성분으로 기능할 수 있는 것은 단어, 어절, 구, 절 등 다양하다.

한국어 문장성분은 크게 주성분, 부속성분, 독립성분으로 나뉜다. 문장의 기본 골격을 만드는 어휘항목을 문장의 주성분(主成分)이라고 하는데, 이때 문장 의미는 서술어의 의미에 따라 그 기본 골격이 결정된다. 예를 들어 '보다' 라는 동사가 문장의 서술어로 쓰였다면 이 문장은 어떤 행위자가 시각작용을 통하여 어떤 대상을 지각하는 행위를 나타낸다. 이 사태를 완성하기 위하여 필수적으로 필요한 문장성분은 행위자, 시각이 미치는 대상, 시각행위를 나타내는 동사이다. 이러한 기능을 담당하는 문장성분을 각각 주어, 목적어, 서술어라고 부른다. 그리고 서술어가 요구하는 필수성분 중의 하나로 보어가 있는데 이것 역시 주성분에 포함된다.

문장의 부속성분(附屬成分)은 문장을 성립시키는 골격성분은 아니지만 의미를 상세하게 하는 수식 기능을 담당하는 성분을 뜻한다. 명사구를 수식하는 관형어와 서술어를 수식하는 부사어가 여기에 속한다. 그리고 독립성분(獨立成分)에는 독립어가 있는데, 이는 문장의 어느 성분과도 직접적인 관련이 없이 홀로 쓰이는 말을 뜻하고, 감탄사나 체언에 호격조사가 붙은 말들이 여기에 속한다.

문장 종결법 [文章終結法]

문장을 끝맺는 방법.

문장 종결법은 문장의 종류를 나누는 데 가장 중요한 기준이 된다. 문장의 종류를 나누는 기준은 여러 가지가 있을 수 있으나 다음과 같이 크게 두 가지로 정리할 수 있다.

- 문장성분의 구비 여부에 따른 분류 : 완전문, 불완전문
- 발화 목적에 따른 분류 : 평서문, 의문문, 명령문, 청유문, 감탄문, 약속문

완전문(完全文)은 서술어 및 서술어가 요구하는 정상적인 문장성분이 모두 실현된 문장이고, 불완전문(不完全文)은 여러 가지 이유로 하여 정상적인 문장성분의 무엇인가가 빠져 있는 문장이다. 불완전문은 문맥상 쉽게 파악할 수 있기 때문에 굳이 말하지 않는 성분이 생략된 문장(예 : 일반적인 주어

인 '우리' 생략), 독립어로 이루어진 문장(예 : 아이고, 귀여운 것아.), 명사형 종결 표현(예 : 오늘 비가 왔음.), '것' 종결의 명령문(예 : 내일은 8시까지 올 것.) 등을 예로 들 수 있다.

평서문(平敍文)은 한 문장을 평범하게 진술하는 문장 유형이며, 평서문을 만드는 종결어미는 매우 다양하여 가장 일반적으로 쓰이는 '-다' 외에도 '-아/어(요), -네(요), -지(요), -데(요), -대(요), -(으)오, -소' 등이 있다. 의문문(疑問文)은 화자가 청자에게 질문을 던지고 그 대답을 요구하는 문장 유형이다. 의문문의 종결어미는 '-ㅂ/습니까, -는지요, -아/어(요), -나(요), -지(요), -(으)ㄹ까(요), -(으)ㄹ래(요)' 등으로 상당히 다양한데 대부분 현대 한국어에서 자주 활용된다. 명령문(命令文)은 화자가 청자에게 자기의 의도대로 행동해 줄 것을 요구하는 문장 유형으로, '-(으)십시오, -(으)세요, -아/어(요), -아라/어라' 등의 종결어미가 있다. 청유문(請誘文)은 화자가 청자에게 같이 행동할 것을 요청하거나 제안하는 문장 유형으로, 종결어미로는 '-(으)십시다, -(으)ㅂ시다, -아/어(요), -자' 등이 있다. 감탄문(感歎文)은 자기의 느낌을 표현하는 문장 유형으로, '-구나, -네(요), -군(요), -구먼(요)' 등의 종결어미가 있다. 약속문(約束文)은 화자가 청자에게 일정 행위를 앞으로 할 것임을 확인시켜 주는 문장 유형인데 일반적으로는 평서문에 포함시킨다(예 : '-ㄹ게(요), -마, -(으)리다' 등).

보어 [補語, complement]

문장에서 주어와 서술어만으로는 뜻이 완전하지 못한 경우에, 그 불완전한 곳을 보충하여 뜻을 완전하게 하는 문장성분.

국어에서는 'A는 B가 되다' 나 'A는 B가 아니다' 와 같은 경우 'B' 에 조사 '이/가' 를 취하여 나타나는 문장성분을 말한다. 다음의 밑줄 친 부분이 보어인데, 보어는 서술어를 이루는 용언의 속성에 의해 그 실현이 결정된다.

㉠ 철수는 의사가 되었다.

㉡ 철수는 조종사가 되고 싶어 한다.

㉢ 영미는 학생이 아니다.

㉣ 이것은 나무가 아니다.

그러나 보어를 요구하는 용언의 종류와 보어의 범위에 대해서는 학자에 따라 차이가 있다. 따라서 학교문법에서는 주격조사와 형태가 같은 '이/가'를 보격조사라고 하여, 체언에 보격조사가 결합된 것만을 보어로 규정한다. 그리고 이러한 보어를 요구하는 속성을 가진 용언은 '되다'와 '아니다'로 한정하였다.

보조사 [補助詞]

화자의 태도를 표시하거나 앞에 오는 명사(구)의 의미를 한정하는 등 어떤 의미를 더해 주는 데 사용되는 조사.

보조사는 체언이나 그 밖의 다른 단어에 결합되어 어떤 뜻을 첨가해 주거나, 격조사를 대신하여 격을 나타내는 기능을 하는 조사로, 특수조사(特殊助詞)라고 일컫기도 한다. 보조사는 격조사(格助詞)와 구분되는 특징을 가지고 있는데 우선 어느 한 가지 격에만 사용되지 않는다. 예를 들어 보조사 '도'는 주어, 목적어, 부사어의 자리에 두루 쓰인다. 그리고 보조사는 명사 또는 명사 상당의 구나 절에만 결합하는 격조사와는 달리 부사, 어미, 어근에도 붙을 수 있다(예 : 아직도 안 일어났니?, 며칠 동안 씻지도 않고 지냈대요., 집이 깨끗도 하다.).

보조사에는 '은/는, 도, 만, 밖에, 뿐, 까지, 조차, 마저, (이)나, (이)나마, (이)라도, 만, 만큼, (이)야(말로), 조차, 은/는커녕' 등이 있다.

보조용언 [補助用言]

다른 용언 뒤에 쓰여 문법적인 의미를 더해 주는 용언.

보조용언의 도움을 받으며 함께 쓰이는 용언을 본용언(本用言)이라고 한다.

- 눈이 오고 있다.
- 철수가 책을 읽어 주었다.
- 그는 편지를 찢어 버렸다.
- 영희는 감기가 심한가 보다.

이들 예문에서 '있다, 주다, 버리다, 보다'는 앞에 있는 주어 명사구와 직접적인 의미 관계에 놓여 있지 않다.

보조용언은 부정법, 피동법, 사동법, 상의 문법범주를 나타내기도 하고 문장이 나타내는 명제에 화자의 심리 상태, 주어의 행위에 대한 판단 등을 나

의미	보조용언
희망	-고 싶다
당위	-아/어야 하다
진행	-고 있다/계시다, -아/어 가다, -아/어 오다
봉사	-아/어 주다/드리다
시도	-아/어 보다
상태 지속	-아/어 있다/계시다
추측	-(으)ㄴ가/는가/나 보다, -는가/나, -(으)ㄹ까, -았/었으면 싶다
결과 유지	-아/어 놓다, -아/어 두다
종결	-고(야) 말다, -아/어 버리다, -아/어 내다
번복 · 강세	-아/어 대다
시인	-기는 하다
부정	-지 않다, -지 말다, -지 못하다
피동	-게 되다
사동	-게 하다

타내기도 한다. 보조용언은 대체로 활용하는 모습에 따라 보조형용사와 보조동사로 나눈다.

보조용언은 의미에 따라 세분되는데, 주어와 관련된 동작이나 상태를 나타내는 서술어로 쓰이기보다는 서술어의 행위에 대한 화자의 심리적 상태를 보이거나 행위의 상적(相的) 특성을 나타낸다.

복문 [複文, complex sentence]

둘 이상의 절로 된 문장.

겹문장 또는 복합문이라고도 하며 단문과 대립하는 개념이다. 복문은 하나의 절이 문장의 한 성분으로 들어간 내포문(안은 문장)과 둘 이상의 절이 이어진 접속문(이어진 문장)으로 나뉜다. '비가 오기를 바란다.' 는 전자의 예이고 '비가 오니까 우산을 가져가라.' 는 후자의 예이다. 한편 접속문은 절들이 통사적으로 대등한 지위로 이어진 문장인 대등접속문과 절들이 통사적으로 상위와 하위의 지위로 이어진 문장인 종속접속문으로 구분된다. '산은 높고 물은 깊다.' 는 대등접속문의 예이고, '8시가 되면 가게가 문을 닫는다.' 는 종속접속문의 예이다. 어떤 학자들은 중문(重文, compound sentence)과 복문(複文, complex sentence)을 구분하여 대등접속문을 중문으로 보고 종속접속문은 복문으로 보기도 한다.

복합어 [複合語, complex word]

두 개 이상의 실질 형태소가 결합되거나 하나의 실질 형태소에 접사가 붙어 이루어진 단어.

하나의 어근으로 이루어진 단일어(單一語, simple word)와 대립되는 개념으로 '밤낮, 작은집' 과 같이 둘 이상의 어근이 결합한 합성어와 '맨손, 부채질'과 같이 한 어근에 접사가 붙은 파생어로 나뉜다. 일부 학자들은 단일어에 대립되는 개념으로 '합성어'라는 용어를 쓰고 합성어의 하위 유형으로 복합어와 파생어를 두기도 한다.

부사 [副詞, adverb]

주로 용언이나 다른 부사를 수식하는 기능을 담당하는 품사.

관형사와 함께 수식언에 속하며, 불변화사이지만 보조사와 결합할 수 있다.

부사는 형성 방식으로 본래 부사('잘', '아주'), '-이, -히' 접사에 의한 형용사 파생어('빨리', '조용히'), 체언에서의 전성어('오늘', '지금') 등이 있다. 수식 대상에 따라 후행 성분을 수식하는 성분부사와 후행 문장 전체를 수식하는 문장부사로 구분된다. 성분부사는 의미 기능에 따라 성상부사, 지시부사, 부정부사로 나뉜다. 성상부사의 예로는 '고요히, 단단히' 등의 감각부사, '잘, 다행히' 등의 가치부사, '슬피, 괴로이' 등의 심리부사, '가장, 오직' 등의 정도부사, '모두, 서로' 등의 조응부사, '멀리, 높이' 등의 상태부사, '울긋불긋, 따르릉' 등의 상징부사가 있다. 지시부사의 예로는 '이리, 여기' 등의 공간부사, '일찍이, 이미' 등의 시간부사가 있고, 부정부사의 예로 '안, 못' 등이 있다. 문장부사의 경우에는 양태부사와 접속부사로 나뉜다. 화자의 심리적 태도를 표현하는 양태부사의 예로는 '혹시, 만일, 혹은, 제발, 설마' 등이 있고 선행 문장과 후행 문장을 이어주는 접속부사의 예로는 '그리고, 하지만, 또한' 등이 있다.

부사어 [副詞語, adverbial phrase]

용언을 수식하여 그 뜻을 한정하는 문장성분.

어찌말이라고 하며 수의적 성분의 하나이다. 부사어는 수식을 받는 서술어를 주성분으로 하여 그에 딸린 부속성분이 된다.

부사어가 이루어지는 방식은 여러 가지이다. '음식이 아주 맛있다.' 의 '아주' 와 같이 부사가 그대로 부사어가 된 경우, '철수가 회사에 다닌다.' 의 '회사에' 와 같이 체언에 부사격 조사가 붙은 경우, '먹을 만큼 가져가라.' 의 '먹을 만큼' 처럼 관형어가 딸린 부사성 의존명사 구성, '이상하게 오늘은 운이 나쁘다.' 의 '이상하게' 와 같이 어미 '-게' 에 의한 용언의 활용형 등이 부사어가 된다.

부사어는 크게 문장성분을 꾸며 주는 성분부사어와 문장 전체를 꾸며 주는 문장부사어로 나뉜다. 성분부사어는 보통 다른 부사어나 관형어를 꾸미지만 체언을 꾸미는 일이 있다. 각각의 예로 '더 빨리 가자.' 의 '더', '아주 새 가방' 의 '아주', '겨우 둘이 왔다.' 의 '겨우' 가 있다. 문장부사어의 예로는 '설마 서울에 지진이 날까?' 의 '설마' 가 있다.

부사어는 '아주 빨리 왔다.' 처럼 겹칠 수 있는데 관형어와 같이 그것이 한정하는 말 바로 앞에 오는 것이 원칙이다. 한편 부사어는 수의적인 성분이지만 체언에 부사격조사가 붙어서 된 부사어 중에는 피수식 용언의 성질에 따라 문장의 필수적인 성분이 되기도 한다. 예를 들어 '철수는 은행에 다닌다.' 에서 '은행에' 는 필수적으로 요구되는 부사어이다. 일부 학자들은 이러한 부사어를 보어(補語)로 보고 이러한 보어를 요구하는 동사나 형용사를 각각 불완전동사, 불완전형용사라고 한다.

부정 [否定, negation]

부정소(否定素)인 '아니' 나 '못' 으로써 어떤 사실이나 가치를 부정함을 나타내는 문법범주.

부정소 '안' 과 '못' 은 동사나 형용사와 공기할 때에 제약을 받아 그 분포 양상이 다양하다. 이것은 동사나 형용사와 부정소 '안' 과 '못' 사이에 존재하는 선택제약에서 기인한다. 부정법은 부정문의 길이에 따라 '단형 부정법' 과 '장형 부정법' 으로 나뉘는데, '단형 부정법' 은 부정소 '아니' 나 '못' 이 서술어 바로 앞에 놓여 문장을 부정하는 것이고, '장형 부정법' 은 부정소 '아니' 나 '못' 이 본용언의 어간에 어미 '-지' 가 결합된 형태 뒤에 놓여 문장을 부정하는 것이다. 동사문이 단형 부정문과 장형 부정문 둘 다 성립 가능한 데에 반하여, 형용사문의 부정에는 일반적으로 장형 부정법만이 가능하다.

불완전동사 [不完全動詞, defective verb]

어미 활용이 완전하지 못한 동사.

불구동사(不具動詞)라고도 한다. 불완전동사는 정상적인 동사가 갖는 활용형을 다 갖지 못하므로 불완전한 계열(defective paradigm)을 이룬다. 불완전동사의 예로는 '가로되, 가론' 의 활용형만 확인되는 '가로다' , '달라, 다오' 로만 활용하는 '달다' , '데리고, 데려' 로만 활용하는 '데리다' 등이 있다.

사동 [使動]

시키는 행위에 초점을 놓아 표현하는 문법범주.

이에 따라 사동의 개념을 '어떤 시키는 자[사동행위자]가 어떤 시킴을 받는 자[사동피행위자]에게 직접 또는 간접으로 작용하여 어떤 결과에 이르도록 하는 것' 이라 정의하고 이러한 사동을 실현하는 문법범주를 사동법이라 한다.

국어의 사동을 나타내는 형식으로는 '-이-, -히-, -리-, -기-, -우-, -구-, -추-' 등의 파생접미사를 이용하는 단형 사동법과 '-게 하다' 형식을 취하는 장형 사동법이 있다. 사동 사건과 피사동 사건 사이의 의미관계에 따라 단형 사동법과 장형 사동법이 선택된다.

상[相, aspect]

어떤 시간적 관제에서 동작이나 상태의 상이 일정한 형태로 표시되는 문법범주.

시간적 흐름 위에 사태가 펼쳐져 있는 모양이나 길이를 뜻하는 시간 양태로서, 동작상(動作相)이라고도 한다. 시제(時制)가 어떤 사건 · 행위 · 상태 등을 선(線) 위에 나타낼 때 하나의 점으로 표시되는 것이라고 한다면, 상(相)은 일정한 길이나 폭으로 표시되는 것이라고 할 수 있다. 시제와 상은 별개의 문법범주이나 한국어에서는 둘 다 시간 부사와 용언의 활용형에 의하여 실현되는 공통점이 있기 때문에 이 둘을 한데 묶어서 '시상(時相)' 이라고 일컫는 문법범주로 처리하기도 한다.

한국어의 상(相)은 실현 방식에 따라 문법상(文法相)과 어휘상(語彙相)으로 구분된다. 문법상은 선어말어미 '-았/었-' 과 같은 문법적 형태소나 연결어미 '{-아/어, -게, -지, -고} + 보조용언' 과 같은 방식으로 표시되는 상으로, 진행상(進行相), 완료상(完了相), 예정상(豫定相) 등이 있다.

어휘상은 용언 어간의 의미, 일부 어미, 시간 부사 등에 의하여 실현되는 상으로, 동작류(動作類)라고 부르기도 한다. 시제와 문법상은 서로 밀접한 관계를 맺고 있어서 따로 나누기가 어려운 반면에 어휘상은 용언 어휘 전체를 대상으로 하므로 별개로 설정하는 것이 용이하다. 어휘상에는 순서상(順序相), 순간상(瞬間相), 지속상(持續相), 반복상(反復相) 등이 있다.

상대높임법[相對-]

화자가 청자를 언어로써 높이거나 낮추어 말하는 것.

한국어에서 상대높임법은 대개 문장 종결어미에 의해 실현되며 여러 등급으로 나뉜다. 말하는 상황이 격식적이냐 비격식적이냐에 따라서 구분되어 사용하며 청자의 연령이나 신분, 사회적 지위, 청자와 화자의 사회적 관계,

친밀도 등에 따라 각각 다른 높임 등급의 종결어미를 사용하게 된다.

국어에서의 상대높임법의 등분은 크게 격식체와 비격식체로 나누며, 격식체에는 합쇼체, 하게체, 하오체, 해라체 등이 있으며, 비격식체에는 해체와 해요체 등이 있다.

서술어 [敍述語, predicate]

한 문장 속에서 주어로 제시된 인물이나 사물에 대한 설명을 하는 성분. 흔히 동사, 형용사 등의 용언에(간혹 명사, 대명사 등의 체언에도) 활용 어미를 붙여 나타낸다. 서술어는 주어 '무엇이' 아래에서 '어찌한다, 어떠하다, 있다, 없다' 나 '무엇을 한다, 무엇이다' 등으로 그 행위와 성질을 서술하는 말이다. 국어에서는 주어 또는 주어부의 생략이 빈번한 데에 비해 서술어 또는 서술부는 보통 생략되지 않는다.

서술어란 용어는 형태적으로는 선행되는 체언에 대칭되는 위치에 있는 동사, 형용사 등으로 구성된 굴절어 부분을 가리키며, 관념적으로는 주술관계에서 주체에 대한 동작, 존재, 상태, 정도, 성질 등을 나타내는 것으로 정의할 수 있다.

한국어의 서술어는 용언의 어간과 어미의 결합으로 구성된다. 서술어는 주어의 동작이나 상태를 나타내는 의미론적 특성 외에 여러 기능을 한다. '주어, 목적어, 보어에 의미역을 부여하는 것' 이 그 가운데 하나이다. 즉, 서술어는 문장의 핵으로서 문장 구성에 필요한 여러 논항에 대한 정보를 제공한다. 문장의 구성에 필요한 논항의 숫자에 따라 '아기가 운다' 의 '울다' 는 한 자리 서술어, '소가 풀을 먹는다' 의 '먹다' 는 두 자리 서술어, '지원이가 준호에게 장난감을 주었다' 의 '주다' 는 세 자리 서술어라 부른다. 논항의 수를 서술어가 결정한다는 것은 문장의 구조를 서술어가 결정한다는 것을 의미하는 것으로 이는 다른 언어의 서술어에서도 보이는 것이다.

서술어가 가지는 또 다른 기능은 문장이 나타내는 사건이나 명제의 시간적 위치와 문장에 대한 화자의 태도를 나타낸다는 점이다.

일반적으로 한국어의 서술어는 문장의 가장 끝에 위치하여 문장의 종류를 결정한다. 즉 서술어에 결합하는 문말어미에 따라 설명문, 의문문, 명령문 등 문장의 유형이 달라지는 것이다.

서술어는 일반적으로 용언의 어간에 어미가 결합되어 이루어진다. 용언은 주로 동사나 형용사를 합하여 이르는 것이므로 동사나 형용사가 어미와 결합하여 서술어를 이루는 것이 가장 전형적이다.

이밖에 '체언+이' 로 되어 있는 것으로 이것이 어미와 결합하여 서술어가 된 것이 있다. 이 '이' 에 대한 많은 논란이 있어 왔으나 학교문법에서는 이것을 서술격조사라 한다. 그러나 어떤 명칭을 쓰든지 그 기능 자체는 체언을 용언으로 바꾸는 것이다.

선어말어미 [先語末語尾]

어말어미 앞에 오는 어미.

종래에 '보조어간(補助語幹)' 이라고 일컫던 것이다. 예를 들면 '먹겠다, 먹는다, 먹더라, 먹었다, 앉으시다, 가리다, 가옵니다, 가것다, 가느냐' 등에 쓰인 '-겠-, -는-, -더-, -었-, -시-, -리-, -옵-, -것-, -느-' 등이 선어말어미에 속한다. 선어말어미를 어간의 일종으로 다루지 않고 어미의 일종으로 다루는 것은 선어말어미가 일부 어간과만 결합하여 새로운 어간을 파생시키는 기능을 하지 못하고, 대부분의 어간과 결합하여 활용의 일부만을 담당하는 것이기 때문이다. 선어말어미는 시제, 상, 서법, 대우법 등을 실현하는 기능을 한다.

속격 [屬格, genitive case]

명사와 명사 사이에 나타나 두 명사를 묶어 보다 큰 명사구를 만드는 조사 '의' 에 의하여 나타내는 격.

관형격 또는 소유격이라고 한다. 소유격이라고 하는 까닭은 조사 '의' 가 결합된 명사에 다른 명사가 소유되거나 소속되는 관계를 나타내기 때문이다. 하지만 두 명사 사이의 관계가 언제나 소유주와 피소유주의 관계를 형성하는 것은 아니다.

명사가 서술어에 대하여 가지는 관계를 나타내는 문법범주를 격이라고 하는 점에서 본다면, 속격은 명사와 명사 사이의 관계를 나타낸다는 점에서 예외적인 것이라 하겠다. 국어에서 속격을 나타내기 위하여 언제나 속격조사가 필요한 것은 아니어서 경우에 따라 생략되기도 한다(예 : 바다의 풍경/바다 풍경). 속격조사의 출현 여부와 관련한 문제는 아직 그 답이 명쾌하지 못한 셈이다.

수사 [數詞, numerals]

사람이나 사물의 수효 혹은 차례를 나타내는 품사.

수사는 다음과 같은 특성을 갖는다.

① 조사의 지배를 받는다.

② 여러 가지 문장 성분으로서 기능을 한다.

③ 선행 관형어와의 직접 구성에서 명사보다 더 많은 제약을 받는다.

④ 명사의 앞에 놓이기도 하고 뒤에 놓이기도 한다.

수사는 의미에 따라 양수사(量數詞)와 서수사(序數詞)로 나뉜다. 양수사는 사람의 수효나 사물의 수량을 가리키는 수사로, 기본수(基本數)라고 하기도 하며, 서수사는 사람이나 사물의 차례를 나타내는 수사이다. 양수사와 서수사에는 각각 정수(定數)와 부정수(不定數)가 있고, 고유어 계열과 한자어 계열의 것이 있다.

고유어 계열의 양수사로는 '하나' 에서 '아흔아홉' 까지만 셀 수 있으나 한자어 계열에는 이런 제한이 없다. 고유어 계열의 서수사로는 '첫째' 에서 '아흔아홉째' 까지만 셀 수 있으나 백 이상에서도 '백한째, 백둘째' 와 같은 혼합형이 쓰이고, 한자어 계열에서는 '제일, 제이' 등의 형식이 쓰인다.

'한둘, 서넛, 한두째, 서너째' 등과 같이 정확하게 어떤 수량이나 순서를 명시하지 않는 수사를 '부정 수사' 또는 '어림수' 라고 한다.

수식어 [修飾語, modifier]

뒤에 오는 말을 수식하거나 한정하기 위하여 첨가하는 문장성분.

수식어에는 관형사와 부사가 있으며, 이들은 활용하지 않는다. 관형사(冠形詞)는 명사를 수식하는 것으로 명사수식어(名詞修飾語)라고도 하고, 부사(副詞)는 동사를 수식하는 것으로 동사수식어(動詞修飾語)라고도 한다. '비싼 책' 의 '비싼' 이 전자의 예이고, '일찍 떠난다.' 의 '일찍' 이 후자의 예이다.

수식어는 피수식어의 의미에 대해 추가적인 정보를 제공해 주는 것이므로 문법적으로는 대부분의 경우 수의적인 요소가 된다. 따라서 '좋은 친구를 만났다.' 에서 수식어 '좋은' 을 생략해도 문법적으로 맞는 문장이다.

시제 [時制]

어떤 사건, 행위, 상태 등의 시간적 위치를 나타내는 언어 형식.

시제는 기준시(基準時)에 따라 절대 시제(絶對時制)와 상대 시제(相對時制)로 나뉜다. 절대 시제는 발화시(發話時)를 기준시로 하는 것으로, 동일한 발화 상황에서 기준시의 설정이 고정적인 시제이다. 상대 시제는 사건시(事件

時)를 기준시로 하는 것으로, 동일한 발화 상황에서도 기준시가 유동적인 시제이다. 절대 시제와 상대 시제는 과거, 현재, 미래의 세 시제로 나뉜다. 절대 시제의 '과거'는 발화시보다 앞서는 때를 뜻하는 반면, 상대 시제의 '과거'는 사건시보다 앞서는 때를 뜻한다. 그리고 절대 시제의 '현재'는 발화시와 일치하는 때를 뜻하는데, 상대 시제의 '현재'는 사건시와 일치하는 때를 뜻하고, 절대 시제의 '미래'는 발화시 뒤에 오는 때를 뜻하는데, 상대 시제의 '미래'는 사건시의 뒤에 오는 때를 뜻한다.

한국어의 시제는 선어말어미나 관형사형어미에 의하여 실현된다. 과거 시제는 선어말어미인 '-았/었-, -더-' 등과 관형사형 어미 '-(으)ㄴ, -던' 등에 의하여 표현된다.

- 나는 친구를 만났다.(과거)

현재 시제는 선어말어미 '-느-'나 관형사형 어미 '-(으)ㄴ/는' 등으로 표현된다.

- 내가 읽는 책은 아주 재미있다.
- 나는 아름다운 경치를 보고 있다.

미래 시제는 선어말어미 '-겠-, -리-'나 관형사형 어미 '-(으)ㄹ' 등으로 표현된다.

- 나는 여행을 떠나{-겠다, -리라}.

어간[語幹, stem]

활용어의 중심이 되는 줄기 부분으로, 활용할 때 형태가 변하지 않는 부분.

한국어의 동사나 형용사와 같은 용언은 활용을 하는데, 이들은 개념적 의미를 갖는 어간과 문법적 기능을 표시하는 어미로 구성되고, 어미는 문법적 기능에 따라 변화하지만 어간은 한 단어의 개념적인 의미를 나타내므로 형태의 변화 없이 고정된 요소로 나타난다. 어간을 줄기, 어미를 끝이라고 부르기도 하고, 어간에 어미 '-다' 를 붙인 활용형을 기본형이라고 하여 활용형의 대표 형태로 삼기도 하며, 사전의 표제형태로 삼아 용언의 뜻풀이에 쓰기도 한다. 예를 들면 '보다 · 보고 · 보니' 에서 '보-' 와 '먹다 · 먹고 · 먹으니' 에서 '먹-' 등이 어간이다.

체언은 특별한 조사를 붙이지 않고 사전의 표제어로 삼지만 용언의 어간은 '-다' 를 붙인다. 그것은 용언의 어간은 체언과는 달리 의존형태소이기 때문이다. 어간에 어미가 붙는 활용 현상은 체언에 조사가 붙어 문법적 관계가 표시되는, 이른바 곡용과 비슷한데, 다른 점은 곡용시의 불변요소는 자립형태소인 데 대해 활용시의 불변요소는 의존형태소라는 것이다.

어근[語根, root]

한 언어의 내부 또는 한 어족의 내부에서의 단어 가족(word family) 모두에게 공통적인, 더 이상 분해될 수 없는 기본적인 단어 요소.

어근은 단어를 구성하는 요소들 가운데 가장 기본이 되는 형태로, 단어의 기본 의미를 나타내는 핵(核)이며, 어근에는 자립 형태소인 것과 의존 형태소인 것이 있다. '쌀밥' 의 '쌀' 과 '밥' , '깨끗이' 의 '깨끗' , '먹었다' 의 '먹' 이 어근이 된다.

어근은 단어에서 모든 접사를 뺀 뒤에 남은 형태이고, 이것으로 구성되는 모든 단어에 공통적인 필수의미를 갖게 된다. 이것은 여러 가지의 실제 변화형을 가질 수 있는 추상적인 형태로, 어간과 일치하는 경우도 있고 한 어근이 두 개 이상의 어간을 가지는 경우도 있다.

어말어미 [語末語尾]

활용어미에 있어서 맨 뒤에 오는 어미.

선어말어미와 대립되는 용어로서 보통은 어미라고 불리며, 종결어미, 연결어미, 전성어미 등으로 나뉜다. 맺음끝, 맺음씨끝 등으로 불리기도 한다.

1) 종결어미 : 한 문장을 끝맺는 기능을 하는 어미

㉠ 평서형 종결어미 : 어떤 일을 있는 그대로 설명하는 어미

예) 철수가 공부를 한다.

㉡ 의문형 종결어미 : 질문을 하거나 의문을 나타내는 어미

예) 철수가 공부를 하니?

㉢ 명령형 종결어미 : 상대방에게 어떤 일을 하도록 요구하는 어미

예) 철수야, 공부를 하여라.

㉣ 청유형 종결어미 : 상대방에게 어떤 일을 함께하기를 요청하는 어미

예) 철수야, 공부를 하자.

㉤ 감탄형 종결어미 : 말하는 사람의 느낌이나 놀람을 나타내는 어미

예) 철수가 공부를 하는구나!

평서형 종결어미	-다, -네, -오, -ㅂ니다, -느니라, -마, -렷다
의문형 종결어미	-냐, -니, -가, -나, -ㅂ니까, -ㄹ까
명령형 종결어미	-아라/-어라, -게, -오, -려무나
청유형 종결어미	-자, -세, -자꾸나
감탄형 종결어미	-구나, -구먼, -구려

2) 연결어미 : 문장을 끝맺지 않고 다른 낱말이나 다른 문장에 연결하여 주는 기능을 하는 어미

㉠ 대등적 연결어미 : 두 문장을 대등하게 연결하여 주는 어미

예) 산은 높고 바다는 넓다.

㉡ 종속적 연결어미 : 두 문장을 종속적으로 연결하여 주는 어미

예) 봄이 오니까 날씨가 따뜻하다.

㉢ 보조적 연결어미 : 보조용언을 본용언에 보조적으로 연결하여 주는 어미
예) 철수가 공부를 하고 있다.

대등적 연결어미	–고, –며, –나, –지만, –락–락, –거나–거나, –든지–든지, –거니–거니, –느니–느니, –면서
종속적 연결어미	–면, –거든, –니, –므로, –아야/어야, –는데, –더라도, –ㄹ망정, –러, –려, –도록, –ㄹ수록
보조적 연결어미	–아/–어, –게, –지, –고

3) 전성어미 : 한 문장의 성질을 임시로 명사나 관형사처럼 바꾸어 주는 기능을 하는 어미

㉠ 명사형 어미 : 한 문장의 성질을 임시로 명사처럼 바꾸어 주는 기능을 하는 어미 예) 철수는 공부하기를 싫어한다.

㉡ 관형사형 어미 : 한 문장의 성질을 임시로 관형사처럼 바꾸어 주는 기능을 하는 어미 예) 공부를 하는 영희의 모습이 예쁘다.

명사형 어미	–(으)ㅁ, –기
관형사형 어미	–(으)ㄴ, –는, –(으)ㄹ

어미[語尾, ending]

어간에 붙어서 활용어의 주변부를 형성하는 형태소.

어형 변화를 하는 단어는 어간과 문법적 기능을 표시하는 어미로 구성된다. 예를 들어서 '공부하다, 공부하고, 공부하니, 공부하도록, 공부하면, 공부하므로, 공부하자, …' 등에서 '공부하–' 가 어간이고, '–다, –고, –니, –도록, –면, –므로, –자' 등이 어미에 해당한다.

어미는 분포와 기능에 따라 선어말어미와 어말어미로 나뉜다. 선어말어미는 어말어미 앞에 오는 어미로 종래에 보조 어간(補助語幹)이라고 일컫던 것인데, 주체높임법의 '–시–' , 시제의 '–는–, –었–, –겠–, –더–' , 서법의 '–느–, –리–' , 상대높임법의 '–습–' , 강조법의 '–니–, –것–' 등이 있다.

어말어미는 단어의 끝에 놓이는 어미로, 문장의 종결 여부에 따라 다시 종결어미와 비종결어미로 나뉜다. 종결어미는 한 문장이 끝남을 나타내는 어미로 '-ㄴ다, -어라, -구나, -자, -느냐, -렴' 등이 있고, 비종결어미는 어떤 문장을 다른 문장에 이어 주는 기능을 하는 연결어미(예 : -고, -며, -니, -면, -아/어, -게, -지, -고 등)와 주로 서술어의 기능을 하는 용언을 명사 · 관형사 · 부사 등이 하는 문법적 기능을 하도록 전성시키는 구실을 하는 전성어미(예 : -(으)ㅁ, -기, -(으)ㄴ, -는, -(으)ㄹ, -도록, -듯이 등)로 나뉜다.

어절 [語節]

문장을 구성하고 있는 각각의 마디로, 계열관계와 통합관계에 따라 마디지어지는 한 덩어리의 말.

문장 성분의 최소 단위로서 띄어쓰기의 단위가 되며, 문장에서 앞뒤로는 휴지(休止)를 두어 발음할 수 있지만 중간에는 휴지를 둘 수 없는 한 덩어리의 발화체이다. 체언에 조사가 붙거나, 어미가 어간에 붙어서 이루어지기도 한다.

예를 들어서 '우리는 오늘 여행을 떠난다.' 라는 문장은 '우리는, 오늘, 여행을, 떠난다' 의 네 발화체로 이루어져 있고, 각각이 어절이 되므로 결국 4개의 어절로 이루어져 있다. 우리가 발화할 때는 대체로 위의 어절을 중심으로 끊어서 발음할 수 있다. 현행 맞춤법의 띄어쓰기는 어절을 단위로 하고 있는데 이는 말에서의 끊어짐이 글에서 사이띄기로 바뀐 것이다. 그러나 복잡한 문장은 더 큰 마디를 거쳐 어절에 이르기도 하는데, 둘 또는 그 이상의 어절이 어울려서 큰 마디가 된 말을 구(句)라고 한다.

영탄법 [詠歎法]

감탄사나 감탄 조사 등을 이용하여 기쁨 · 슬픔 · 놀라움과 같은 감정을 강하게 나타내는 수사법.

'아아, 오, 아이고, 어머나, 저런' 등의 감탄사를 써서 보통 때보다 더 깊은 감정, 절실한 생각을 표현함으로써 문체적인 효과를 높이는 강조법이다. 특히 노래나 시에서 많이 사용되고, 영탄은 감정을 압축했다가 폭발하는 형식으로 효과를 고조시키는 역할을 한다.

의문대명사 [疑問代名詞, interrogative pronoun]

의문의 대상을 나타내는 대명사.

의문사(wh-word)의 하나로, '누가 가느냐?, 누구를 만났어요?, 무엇을 살 거예요?, 어디에서 먹을까요?, 몇이나 됩니까?' 에 쓰인 '누/누구, 무엇, 어디, 몇' 등이 이에 해당한다. '누/누구' 는 사람의 정체를, '무엇' 은 일반적으로 사물의 정체를, '어디' 는 장소나 방향을, '몇' 은 수효를 묻는 의문대명사이다.

의문사가 쓰인 의문문을 의문사의문(wh-question) 또는 설명의문이라고 하고, 발화시 의문사에 강세가 놓이며 문장 끝부분의 억양은 내림조가 된다

의문문 [疑問文, interrogative sentence]

화자가 청자에게 질문을 하여 그 해답을 요구하는 문장 유형.

의문문은 다시 설명의문문, 판정의문문, 수사의문문으로 나뉜다.

설명의문문(說明疑問文)은 상대의 구체적인 설명을 요구하는 의문문으로 가장 전형적인 의문 형태라고 할 수 있다. '어디, 언제, 누구, 무엇, 어떻게, 왜' 와 같은 의문사를 쓴 문장이다(예 : 어디 가세요?, '어떻게 지내셨어요?' 등).

판정의문문(判定疑問文)은 상대편에게 단순히 '예' , '아니요' 의 긍정이나 부정의 대답을 요구하는 의문문이다(예 : '내일 가니?' , '숙제 했니?' 등).

수사의문문(修辭疑問文) 또는 반어의문문(反語疑問文)은 문장의 형식은 물음을 나타내나 답변을 요구하지 않고 강한 긍정 진술을 내포하고 있는 의문문이다. 예를 들어 '철수한테 책 한 권 못 사 줄까?'의 '못 사 줄까'는 '사 줄 수 있다'는 뜻을 나타낸다.

의문문의 종결 어미에는 '-(느)냐, -(니)까, -어, -어요' 등이 있으며, 의문형 종결 어미로 글을 끝맺고 뒤에 물음표(?)를 찍는다.

의문사[疑問詞, interrogative]

의문의 초점이 되는 사물이나 사태를 지시하는 말.

국어에서 '누구, 언제, 어디, 무엇, 왜, 어떻게, 얼마' 등이 이에 해당한다. 의문사는 문장에서 의문의 초점이 되는 사물이나 사태를 제시하여 상대에게 설명을 요구하는 의문문을 만들며, 문장의 억양은 일반 서술문과 같다. 또한 평서문일 때에도 '-도, -라도, -든지, -라든지'와 같은 조사를 덧붙여 부정의 의미를 갖는 표현을 할 수 있다(예 : '누구도 알 수 없는 일이다.').

의존명사[依存名詞]

명사의 통사론적 기능을 가지나 어휘 의미가 분명하지 않고 문장에서 쓰일 때 다른 환경요소의 도움을 받아 그 의미가 뚜렷해지는, 자립성이 완전하지 못한 형태.

여기서 환경요소라 함은 선행 관형어구뿐만 아니라 후행하는 서술어와 전체적인 통사구조 모두를 포괄하는 것으로 이해되어야 한다. 의존명사의 명칭은 논의의 관점에 따라 '의존명사', '형식명사', '불완전명사' 등 여러 가지 다른 이름으로 불려왔으며, 정의 또한 약간씩 차이를 갖고 있다.

'의존명사'와 '형식명사'는 엄밀한 의미에서 서로 의미하는 바가 다르다고 할 수 있다. '의존명사'는 '자립명사' 내지 '완전명사'에 대해 '의존성'을, '형식명사'는 '실질명사'에 대해 '형식성(문법성)'을 부각시킨 용어로 '의존명사'는 구조적 자립성을, '형식명사'는 의미적 실질성을 문제 삼는 용어라고 하겠다.

인용법 → 화법

인칭대명사 [人稱代名詞, personal pronoun]

사람을 가리키는 데 쓰이는 대명사.

인대명사(人代名詞)라고도 한다. 인칭대명사는 [특정성]의 유무에 따라 특정칭(特定稱)과 부정칭(不定稱)으로 구분된다. 인칭대명사의 특정칭은 화자가 가리키는 대상에 따라 일인칭대명사, 이인칭대명사, 삼인칭대명사로 세 분된다. 일인칭대명사(一人稱代名詞)는 화자가 자기 자신을 가리키는 대명사로, '나, 저, 우리, 저희' 등이 해당한다. '우리'는 화자와 청자, 그리고 이 밖에 제삼자를 일컫는 것인데, '저희'는 청자를 제외하고 화자 자신과 제삼자를 함께 낮추어 일컫는 것이다.

이인칭대명사(二人稱代名詞)는 청자를 지시하는 대명사로, '너, 자네, 그대, 당신(當身), 너희' 등이 있다. 본래 '당신'은 경칭대명사(敬稱代名詞)였는데, 오늘날에는 화자에 따라 상대방을 약간 높여 대접하여 일컬을 경우에 쓰이거나 상대방을 평대하여 일컬을 때 사용된다. 또한 '당신'은 재귀대명사나 삼인칭대명사로도 쓰이는데, 이 경우에는 대화할 때에 그 자리에 없는 웃어른을 높여 일컬음을 뜻한다.

삼인칭대명사(三人稱代名詞)는 화자와 청자 이외의 제삼의 인물을 지시하는 대명사로, 화자와 청자 간의 거리에 대한 화자의 판단에 따라 근칭대명사(이, 이들, 이이, 이분, 이치 등), 중칭대명사(그, 그들, 그이, 그분, 그치 등),

원칭대명사(저들, 저이, 저분, 저치 등)로 세분된다.

인칭대명사의 부정칭은 특별히 정해져 있지 않은 대상을 지시하는 대명사로, '누구, 아무, 아무개' 등이 해당된다.

자동사 [自動詞, intransitive verb]

동사가 나타내는 동작이나 작용이 주체에만 미치는 동사.

목적어를 필요로 하지 않고 스스로 움직임을 나타내는 동사로, 동작이나 작용이 주체 이외에 객체에도 미치는 동사인 타동사(他動詞)에 대립된다.

㉠ 영수가 학교에 간다.

㉡ 영수는 책을 읽는다.

㉠의 '간다' 라는 동작은 주체인 '영수' 에게만 미치는데, ㉡의 '읽는다' 라는 행위는 주체인 '영수' 와 객체인 '책' 에도 미친다.

자동사는 한 문장에서 주어 이외의 다른 어떤 요소의 도움 없이도 완전한 서술을 할 수 있는 완전자동사(예 : 웃다, 가다, 피다 등)와 보어를 필요로 하는 불완전자동사(예 : 되다, 아니다 등)로 나뉘기도 한다.

국어의 자동사는 본래부터 자동사인 것과 타동사가 자동사가 된 것이 있다. '앉다, 눕다, 서다, 돌다, 남다' 등은 본래부터 자동사이고 '보이다, 먹히다, 쫓기다, 들리다' 등은 각각 타동사 '보다, 먹다, 쫓다, 듣다' 에 피동사 형성의 접미사가 붙은 것이다.

자동사 중에는 '가다, 다니다, 뛰다' 와 같이 시간적 · 공간적 표시를 하는 말을 목적어처럼 '을, 를' 로 받는 특수한 것이 있다. 그리고 동사 가운데 '그치다, 멈추다, 다치다, 움직이다' 등과 같이 접사가 붙지 않고 그대로 자동사와 타동사로 공용되는 것이 있는데, 이런 동사를 능격동사(能格動詞)나 중립동사(中立動詞)라 일컫기도 한다.

재귀대명사 [再歸代名詞, reflexive pronoun]

선행하는 삼인칭 주어가 되풀이 되는 것을 피하기 위하여 동일한 대상을 지시하는 명사나 대명사를 다시 받는 대명사.

특수대명사(特殊代名詞)라고도 한다. 동일한 선행사의 중복 사용을 피하기 위하여 그 선행사를 대신하여 가리키는 대명사로, 이것을 줄여서 재귀사(再歸詞)라고 하기도 하며, 평칭의 '자기', 높임의 '당신' 그리고 낮춤의 '저, 저희'가 이에 해당한다.

'영수가 자기를 때렸다.'에서 '자기'는 '영수'의 행동이 다시 그에게로 되돌아가는 관계를 표현하지만, '영수가 자기 방으로 들어갔다.'에서는 주어와의 동일 지시 관계만이 성립한다. 그리고 일반적으로 재귀대명사의 선행사는 3인칭 유정(有情) 주어여야 한다.

접두사 [接頭辭, prefix]

항상 어떤 단어의 어근 앞에 붙어서 그 의미를 한정하여 새 단어를 만드는 접사의 하나.

자립성이 없어서 단독으로 사용되지 못하고 어근의 품사를 바꾸지 않고 단어의 어근과 결합한다. 국어의 모든 접두사는 파생접사로 복합어인 파생어를 형성한다. 접두사의 예로 '맨손, 짓밟다, 새빨갛다'의 '맨-, 짓-, 새-' 등을 들 수 있다.

접미사 [接尾辭, suffix]

항상 어떤 단어의 어근 뒤에 붙어서 그 의미를 한정하거나 품사를 바꾸는 접사의 하나.

접미사는 '잠보, 칼질'의 '-보, -질'과 같이 어근의 품사를 전성시키지 않고 의미만 첨가하기도 하고, '새롭다, 자연스럽다'의 '-롭-, -스럽-'과 같이 어근의 품사를 바꾸기도 한다.

체언에 붙는 접미사로는 '-적, -님'이 있고 용언에 붙는 접미사로는 피동이나 사동을 나타내는 '-이-, -히-, -리-, -기-, -우-' 등이 있다.

국어의 접미사는 수효도 많고 기능도 다양하고 비교적 많은 수의 어근과 어울려서 생산적이다.

접속문[接續文]

둘 이상의 절이 이어진 문장.

이어진 문장이라고도 하며, 내포문(안은 문장)과 함께 복문(겹문장)에 속한다. 접속문은 크게 둘로 나누어, 절들이 통사적으로 대등한 지위로 이어진 문장을 대등접속문이라 하고, 절들이 통사적으로 상위와 하위의 지위로 이어진 문장을 종속접속문이라 한다. '산은 높고 물은 깊다.'는 대등접속문의 예이고, '8시가 되면 가게가 문을 닫는다.'는 종속접속문의 예이다. 어떤 학자들은 대등접속문을 중문(重文, compound sentence)으로 보고 종속접속문은 복문(複文, complex sentence)으로 보기도 한다.

접속문은 '-고, -(으)니, -(으)면' 등의 연결어미로 이어진다. 이때 연결어미는 선행절의 뜻을 풀이해 주면서 후행절을 이어 주는 역할을 한다. 예를 들어 '선생님이 들어오시니까 교실이 조용해졌다.'에서 연결어미 '-(으)니까'는 두 절을 이어 주면서 선행절의 사실이 후행절의 사건에 대한 원인임을 따져서 밝히고 있다. 연결어미로 둘 이상의 절이 이어질 때 반복되는 요소는 생략된다. 예를 들어 '그는 친구에게 연락을 하고 집을 나섰다.'에서 후행절의 '나섰다'의 주어는 선행절과 같은 주어인 '그는'인데 생략되었다.

접속부사 → 접속사

접속사[接續詞, conjunction]

문장 내의 성분과 성분 또는 문장과 문장 사이에 위치하여 이들을 연결해 주는 품사.

다양한 의미 관계로 성분들이나 문장들을 이어 주는 접속사는 자립적으로 쓰이고 활용하지 않는다는 특징이 있다. 국어 문법에서는 일반적으로 이들을 독립된 품사인 접속사로 설정하지 않고 부사 범주의 하나로 보아서 접속부사로 분류한다.

접속사는 선행 성분과 후행 성분을 이어 주는 기능('내지, 및'), 문장과 문장을 이어 주는 기능('그러나, 다만')을 한다. 한편 접속사는 의미 관계에 따라 순접('그리고, 그래서' 등), 역접('그러나, 그렇지만' 등), 환접('그렇다면, 그런가 하면, 한편' 등) 등으로 나뉜다. 접속사는 통사적으로 대등문을 연결시키는 등위접속사와 종속문을 연결하는 종속접속사가 있다.

조사[助詞]

문장에서 자립성이 있는 말에 붙어 그 말과 다른 말과의 관계를 표시하거나 그 말에 뜻을 더하는 품사.

조사라는 명칭은 조사가 자립형식이 아닌 의존형식으로서 단독으로 독립된 문장 성분을 이루지 못할 뿐만 아니라, 문장 내에서도 다른 성분과의 관계를 나타내는 보조적인 역할을 하여 붙여진 것이다.

조사는 크게 격조사, 보조사, 접속조사로 나뉜다.

격조사는 체언이나 체언 구실을 하는 말 뒤에 연결되어 그 명사의 격을 나타내는 조사인데 모든 조사가 격을 나타내는 것은 아니다. 격조사에는 주격

조사인 '이/가/께서', 목적격조사인 '을/를', 관형격조사인 '의', 서술격조사인 '이다', 보격 조사인 '되다, 아니다' 앞의 '이/가', 부사격조사인 '에/에서/(으)로', 호격조사인 '아/야' 등이 있다.

보조사는 특수조사라고도 하는데, 체언이나 부사, 몇몇 활용어미, '하다' 앞의 어근 등에 붙어서 격을 나타내지 않고 특별한 의미를 더해 주는 조사이다. '은/는', '도', '만' 등이 있다.

접속조사는 두 개의 체언을 같은 자격으로 이어 주는 역할을 하는 조사로 '와/과', '하고', '(이)나' 등이 있다.

주격 [主格, nominative case]

체언이 갖는 격의 하나로서, 일반적으로 문장 안에서 서술어에 대해 가지는 주어의 자격.

조사인 '이/가', '께서/께옵서', '에서' 등으로 표시된다. 서술어가 '아니다, 되다' 일 때에 각각 부정의 대상이나 전성의 결과를 나타내는 말을 주격으로 간주하기도 하지만 학교문법에서는 보격으로 처리한다.

'이' 와 '가' 는 음운조건에 따라 상보적으로 선택되는 이형태이고, '에서' 는 조직이나 단체를 나타내는 체언 뒤에 선택되는 주격조사이다. 그리고 '께서' 는 높임 대상의 체언 뒤에 선택된다. 그 외에 '에서' 는 주어가 단체를 나타내는 명사이면서 서술어가 어떤 행위를 가리키는 말일 때에 주격을 나타내기도 한다.

주어 [主語, subject]

문장에서 서술의 대상이 되는 성분.

'무엇이 어찌하다', '무엇이 어떠하다', '무엇이 무엇이다' 등에서 각각 동작, 상태, 관계의 주체인 '무엇이'에 해당하는 성분이다. 형태적으로는 체언과 조사로 구성된다. 통사적으로 주어는 주체경어법의 대상이 되어 '-시-'와 호응하고, 재귀사의 선행사가 된다. 의미론적으로 주어는 서술어와 일정한 의미 관계를 맺으며 서술어에 대해 동작주역이나 대상역을 표현하고 서술어의 선택제약을 만족해야 한다.

주체높임법

용언의 어간에 높임의 선어말어미 '-시-'를 붙여 대접의 대상이 서술의 주체인 높임법.

존경법이라고도 하는 주체높임법은 서술의 주체에 대하여 화자가 가진 존대와 비존대의 태도를 나타내는 문법 규칙이다. 화자가 [+존대] 자질을 가지고 주체를 높여 대우하고자 할 때에는 선어말어미 '-시-'를 사용하여 존대를 표현하게 된다.

주체높임법에서 주체를 존대하는 표현은 [-시-] 요소 이외에 별도의 동사에 의하여 실현될 수 있다.

있다 → (있으시다, 계시다) / 아프다 → (아프시다, 편찮으시다) / 먹다 → (*먹으시다, 잡수시다) / 자다 → (*자시다, 주무시다) / 죽다 → (*죽으시다, 돌아가시다)

'있다, 아프다' 등은 두 가지 존대 형태가 쓰이지만, '먹다, 자다, 죽다' 등은 존대 형태가 독립되어 있다.

'있다, 아프다'의 경우 존대형은 각각 '계시다'와 '있으시다', '아프시다, 편찮으시다'의 두 가지로 실현되는데, '계시다'와 '편찮으시다'는 주체를 직접적으로 높일 경우에, '있으시다'와 '아프시다'는 간접적으로 높일 경우에 쓰인다.

a. 할아버지께서는 일요일에는 댁에 계신다.
b. 할아버지께서는 재산이 많이 있으시다.
c. 할아버지께서는 매우 편찮으시다.
d. 할아버지께서는 수술한 다리가 무척 아프시다고 한다.

중문 [重文, compound sentence]

둘 이상의 절이 대등하게 이어진 문장.

대등접속문이라고도 한다. 중문은 문장의 종류를 단문, 중문, 내포복문, 종속복문, 혼문 등으로 분류하는 전통문법의 개념이며, 어떤 학자들은 대등접속문과 종속접속문을 모두 중문으로 부르기도 한다.

중문은 '-고, -(으)며' 등의 연결어미로 이어진다. '산은 높고 물은 깊다.' 나 '철수는 전공이 국어학이며 영희는 문학이 전공이다.' 등이 중문의 예이다.

지시대명사 [指示代名詞, demonstrative pronoun]

사물이나 장소를 가리키는 대명사.

인칭대명사와 대립하는 개념으로 '이것, 그것, 저것, 무엇' 처럼 사물을 지시하는 지시대명사와 '여기, 거기, 저기, 어디' 와 같이 장소를 지시하는 지시대명사가 있다.

지시대명사는 지시 영역에 따라 '이-' 계, '그-' 계, '저-' 계 대명사로 나뉜다. '이-' 계는 지시 대상이 화자에게 가까운 영역에 있는 경우이고, '그-' 계는 지시 대상이 청자에게 가까운 영역에 있으며, '저-' 계열은 화자와 청자에게서 먼 영역에 있는 경우를 나타낸다. 그 외에 '그-' 계는 청자가 알고 있다고 믿는 사물을 가리킬 때 쓰이고, '이-' 계는 화자만 알고 있는 사물을 가리킬 때 사용한다. '저-'는 전술 언급 기능이 없다.

체언[體言]

문장에서 주어의 역할을 하는 문장성분.

명사, 대명사, 수사가 체언에 속한다. 체언은 문장의 주어의 자리에 나와서 문장의 주체, 곧 몸의 노릇을 하기 때문에 몸말 또는 임자씨라고 불리기도 한다.

체언에 속한 명사, 대명사, 수사는 의미는 다르지만 기능에는 큰 차이가 없다. 체언은 문법적으로 조사의 도움으로 여러 가지 문장성분으로 기능하고 활용하지 않는다는 특징이 있다. 그러나 대명사와 수사에는 명사와 구별되는 독자적 문법적 성질이 그리 많지 않다. 예를 들어 '*어느 그, *어느 둘'과 같이 대명사와 수사는 관형어의 수식이 명사만큼 자유롭지 못하다는 점이 있기는 하다. 그러나 '어머니는 공부하는 우리를 보고 말하셨다, 이 셋이 우리 편이다'처럼 관용어의 수식이 가능한 경우도 있다. 이처럼 문법적인 성질이 비슷하고, 그들 사이의 구분이 쉽지 않아서 국어에서는 체언이라는 포괄적 용어를 사용하는 것이 편리하다.

특수조사[特殊助詞]

어떤 한 가지 격을 담당하지 않을 뿐 아니라 아예 격 표시와 같은 문법적 기능은 없이 의미를 담당하는 것을 주임무로 하는 조사.

보조사라고 부르기도 한다.

특수조사는 그 분포도 명사 뒤에 한정되지 않고 부사나 몇몇 활용형 뒤, 심지어는 '하다' 앞의 어근 뒤에까지 연결되는, 그야말로 특수한 조사다.

특수조사는 때로 격조사와 혼동되기도 한다. 특수조사도 주로 명사 뒤에 연결되는 데다가 격조사에 따라서는 어떤 특수조사를 만나면 생략되기 때문에, 마치 그 특수조사가 격의 표시 기능까지 하는 것으로 생각하게 만들기 때문이다. 하지만 어떤 격의 자리에 특수조사가 단독으로 쓰인 것은 격조사가 그 자리에서 생략된 결과로서, 비록 격조사가 그 자리에 안 쓰였어도 격은 그 생략된 격조사가 담당하는 것으로 보아야 한다. 그러한 특수조사로는 '대조와 배타' 또는 '주제화'의 '은/는'과 '선택'의 '만'과 '도', '또한, 역시'의 '조차, 마저, 까지' 그리고 '마음에 차지 않는 선택'을 나타내는 '나, 나마, 라도' 등이 있다.

파생법 [派生法]

어근에 접사를 붙여 파생어를 만드는 단어 형성법.

단어는 하나 이상의 형태소로 이루어진 자립적인 문장 구성단위로, 크게 단일어와 복합어(또는 합성어)로 구분된다. 여기서 복합어는 합성어와 파생어를 포함한다(학자에 따라 합성어를 복합어의 상위 개념으로 사용하기도 한다.). 합성어나 파생어는 둘 이상의 형태소가 통합되어 이루어진다는 점에서는 공통점을 찾을 수 있으나 전자는 선후행 요소 모두가 어기이나 후자에 있어서는 선후행 요소 중 하나가 접사라는 것이 다르다. 이와 같이 파생어를 형성하는 단어 형성법을 파생법이라고 한다.

(a) 외아들, 군소리, 짓밟다
(b) 덮개, 삽질, 어른스럽다, 여자답다
(c) 빗- : 빗, 신- : 신, 띠- : 띠

(a), (b)는 어기에 파생접두사와 파생접미사가 각각 결합하여 새로운 단어를 형성하고 있는, 접사에 의한 파생어 형성을 보여 주고 있다. (c)에서는 동사어기 '빗-'과 '신-' 그리고 '띠-'가 명사로 기능함을 알 수 있다. 이들은

모두 형태변화 없이 의미의 관련성을 지니면서 통사범주를 달리하고 있다. 이러한 단어들은 영접사 파생법에 의한 파생어로서, 영형태소(零形態素, zero morpheme)의 개념을 설정하여 현상을 설명할 수 있다.

이렇듯 파생법은 접사에 의한 접두 파생법과 접미 파생법, 접사에 의하지 않는 영접사 파생법으로 나눌 수 있다.

파생어 [派生語, derivative word]

어근에 접사가 붙어서 이루어진 단어.

파생어는 구성요소의 어느 하나가 접사이고 접사가 어근에 종속적으로 결합한다는 점에서 합성어(合成語, compound word)와 구별된다. 합성어와 파생어는 모두 복합어(複合語, complex word)에 속한다.

파생어는 접두사에 의한 것, 접미사에 의한 것, 둘 다에 의한 것이 있는데, '맨발, 풋사랑', '높이, 사랑스럽다', '헛손질, 군매질' 등이 각각의 예이다. 접두사에 의한 파생어에서는 주로 의미만 첨가되고 품사는 바뀌지 않는다. 접미 파생어에서는 의미 변화만 일어난 파생어(부채질, 깨뜨리다)와 품사 범주까지 바뀐 파생어(덮개, 평화스럽다)가 있다. 국어의 접미사는 그 수가 많고 기능도 다양하여 국어에는 접두사에 의한 파생보다 접미사에 의한 파생이 많다. 양면 파생어는 어근 앞뒤에 접두사와 접미사가 붙어서 이루어진 파생어로 품사가 바뀌는 경우(흉허물없다, 재빨리)가 있다.

특수한 파생어으로 영변화(零變化, zero modification)에 의한 파생어도 있다. 예를 들어 '가물 : 가물다, 신 : 신다', '오늘(명사) : 오늘(부사)' 등은 동일 형태의 어근으로 이루어져 두 어근의 파생 방향을 결정하기 어렵다.

파생어에는 파생접사에 의한 외적 파생어과 접사에 의하지 않는 내적 파생어가 있다. 내적 파생은 자음 교체나 모음 교체에 의한 파생인데 '벌겋다–뻘겋다', '날씬하다–늘씬하다' 등이 그 예이다. 이들 역시 실질적인 파생접사에 의한 파생이 아니기 때문에 파생의 방향을 판단하기 어렵다.

평칭 [平稱]

높이지도 낮추지도 않고 범상하게 가리키거나 부르는 말.

호칭과 지칭은 존칭, 평칭, 비칭의 세 가지로 분류할 수 있다.

가. 존칭(높임말) : 어른, 상사에게 말씀 드릴 때 사용하는 말

나. 평칭(예사말) : 평교간(아주 친한 사이)이거나 아랫사람에게 친숙하게 사용하는 말

다. 비칭(낮춤) : 자기보다 나이가 아주 아래인 사람이거나 친족 간에 사용하는 말

품사 [品詞, part of speech]

단어를 그 문법적 성질에 따라 나눈 어류(語類, word-class).

문법적 성질은 크게 어미에 의한 굴절의 양식을 뜻하는 형태(form)적인 성질과 한 단어가 문장 안에서 다른 단어와 가지는 문법적 관계를 뜻하는 기능(function)적인 성질로 나뉜다.

품사를 분류하는 절차는 먼저 한 언어에 쓰이는 모든 단어를 대상으로 하여 어미변화를 하는 단어군과 그렇지 않은 단어군으로 나누고, 그 다음 어미변화를 하는 단어들의 경우 어미변화의 양식에 따라 다시 나누어 가되, 그 기능적인 성질도 함께 분류의 기준으로 삼아 나눈다. 어미변화를 하지 않는 단어들은 순전히 그 기능에 의하여 품사를 나누게 된다.

국어의 경우 '-다, -ㄴ다/는다, -고, -면/으면, -겠-, -았/었-' 등의 활용어미로 어미변화를 하는 부류인 동사와 '이/가, 을/를, 에서, 로/으로, 와/과'와 같은 조사를 취하는 부류인 명사를 다른 한 부류로 구분하고, 활용어미나 조사를 취할 수 없는 관형사나 부사, 감탄사 등의 부류를 또 다른 한 부류로 구분할 수 있다.

명사와 동사는 이러한 형태상의 차이 이외에 통사적인 기능에서도 차이를 보여, 명사는 문장 안에서 관형사나 관형형과 관계를 갖는데, 동사는 부사나 부사형과 관계를 갖는다. 동사는 다시 동작동사와 상태동사 즉 형용사로 나누기도 하는데, 동사의 경우 '자주, 이따금' 등과 같은 부사와 어울리고, 형용사의 경우에는 '매우, 가장' 등의 부사와 어울린다는 점에서 부사와의 관계에 차이를 보이기도 한다. 하지만 대명사나 수사가 명사와 구별되어 독립된 품사로 분리될 근거는 통사적 기능에서도 찾기가 쉽지 않다.

어미나 조사를 취하지 않는 단어들은 통사적 기능의 차이로 구분할 수가 있다. 명사와 관계를 맺는 부류는 관형사, 동사나 형용사와 관계를 맺는 부류는 부사로 구분한다. 감탄사의 경우에는 오히려 독립적인 것이 품사 분류의 근거가 되는 바, 문장의 어느 한 단어와 관계를 맺지 않는다는 점에서 구분된다.

조사의 경우에는 품사인지 아닌지가 논의의 대상이 된다. 단어인 듯도 하고 아닌 듯도 한 바로 그 경계선에 있는 성질을 가지고 있기 때문이다. 일단 조사를 단어로 본다면 독립된 품사로 삼아야 할 것이다. 명사와의 관계에서 보이는 특징만으로도 독자적인 성질을 가지고 있기 때문이다.

피동 [被動, passive]

목적대상이나 피동주가 주어의 자리에 오는 문장 형식.

한국어에서는 일반적으로 행동주가 '에게'나 '한테'와 같은 조사와 함께 부사어로 나타나고, 타동사 어간에 '-이/히/리/기-'나 '-어 지-'가 연결되어 이루어진다. 타동사로 이루어지는 능동표현과 그에 대한 피동표현이 서로 밀접한 관계를 맺고 있음은, 한 능동문과 그에 대한 피동문은 대체로 진리조건(truth condition)을 같이하고, 능동과 피동이 그들 동사와 각 논항들 사이에 성립하는 선택제약이 동일하다는 점에서 확인할 수 있다.

피동접미사 '-이/히/리/기-'나 '-어 지-'에 의한 피동과는 구성을 달리하지만 '받다, 맞다, 듣다, 입다, 먹다, 당하다' 와 같은 타동사에 의하여 이루어진 문장들이 나타내는 의미에 의하여 피동으로 다루어져 온 예들은 통사적 피동이라고 부르기도 한다.

일반적으로 화자가 피동을 선택하는 까닭에 대해서는 적어도 말하는 순간 화자가 둔 관심의 초점이 무엇이냐에 따라 능동태가 선택되기도 하고 피동태가 선택되기도 한다고 말한다. 또한 능동의 주어가 불분명하거나 쉽게 기술될 수 없을 때, 혹은 능동 주어가 문맥에서 보아 자명할 때, 정서적인 이유 등으로 1인칭과 같은 능동 주어를 특별히 내세우려 하지 않을 때, 능동 주어에 대해서보다는 피동 주어에 대하여 더 많은 관심을 가질 때, 또는 두 문장의 연결을 쉽게 하려고 할 때에 선택된다고 한다.

한국어의 피동은 이에 더하여, 피동 표현의 구성이 상대적으로 그리 자유롭지 않으며, 한국어의 피동은 비행동성 내지는 탈행동성(deactivative) 혹은 상황 의존성이 두드러진다는 특징이 있다고 한다.

아울러 피동사는 자동사이므로 원칙적으로 목적어를 가질 수 없으나, 한국어의 일부 피동문은 '도둑이 형사에게 덜미를 잡혔다.' 에서와 같이 흔히 목적어 표지로 알려진 '을/를' 과 결합된 명사구를 취하여 특이한 양상을 보인다.

학교문법 [學校文法, school grammar]

학교에서 가르치는 문법.

학교문법은 언어의 정확한 사용이라는 실용적 목적을 갖고 있기 때문에 올바른 언어규칙과 용례를 제시하고 그것을 지키도록 하는 규범적 성격이 강하다.

한국에서 문법교육이 시작된 것은 개화기인 1985년(고종 32년)부터이다. 이때 소학교 교칙대강(小學校 校則大綱)이 공포되어 소학교 고등과에 국어문법이 정식 교과과목으로 채택되었다. 그 당시에 나온 국어문법서로는 유길준, 주시경, 김규식, 최광옥, 김희상 등의 저술이 있다.

국권 상실 이후에는 문법교육이 한 때 국어 문법교육이 중단되었다가 1922년에 중학교 과정(당시 학제로는 고등 보통학교)에서 다시 시작되었다. 1938년에 조선어 과목이 폐지될 때까지 이규영, 이규방, 최현배, 박승빈, 신명균, 장지영, 권영달 등의 저술이 중학교 과정에서 많이 사용되었다. 1933년에 조선어학회에 의해 '한글 맞춤법 통일안' 이 마련되어 한국어의 어문규범이 확립됨으로써 문법교육도 전기를 맞게 된다. '한글 맞춤법 통일안' 에 근거한 최초의 문법서인 최현배의 『중등 조선 말본』도 이 시기에 나왔다.

8·15광복 이후에 실질적인 문법교육이 이루어졌다. 이 시기에 정열모, 박창해, 김근수, 장하일, 박태윤 등이 저술한 새로운 문법서들이 출간되었다. 특히 최현배는 『중등 조선 말본』의 교수 참고서까지 내놓았다.

정부 수립 이후인 1949년에 학교문법의 통일을 위한 첫 번째 노력으로써 292개의 문법 용어를 제정하고 검인정제를 실시하였다. 문교부의 문법용어는 고유어계와 한자어계를 인정하고, 그 중의 한 가지를 선택하여 일관성 있게 쓰도록 하였다. 이에 근거해 저술된 문법교과서로는 최현배, 장하일, 정인승, 이희승, 이인모 등의 저서가 있다. 이 시기에는 용어의 통일과 검인정제도의 시행으로 학교문법이 본격적인 규범문법적인 성격을 띠게 되었다.

1955년 8월에 새로운 교과과정이 공포됨에 따라서 중학교용 문법과 고등학교용 문법이 분리되어 편찬되었다. 중학교용으로는 장하일, 이숭녕, 김윤경, 정인승, 이희승, 최현배, 최태호, 김민수 외 등의 저서가 나왔고 고등학교용으로는 이숭녕, 김윤경, 정인승, 최현배, 이희승, 김민수 외의 저서가 나왔다.

다양한 문법 교과서가 나오면서 국어 문법교육은 점차 자리를 잡아갔다. 1950년대 후반부터 대학입학시험에 문법교과의 능력을 평가해야 하는 현실적인 문제가 제기되자, 문법체제와 문법용어에 대한 통일의 필요성이 심각하게 대두되었다. 1963년에 문교부에서는 명사, 대명사, 수사, 동사, 형용사, 관형사, 부사, 감탄사, 조사 등 9품사의 문법체계와 262개의 문법용어를 규정한 통일안을 공포하였다. 이후에 16종의 중등문법 교과서와 13종의 고등

문법 교과서가 검인정을 받았다. 1979년부터는 중등문법과 고등문법의 구분이 없어지고 5종의 고등문법만 남게 되었다. 정부 수립 이후 통일안 마련과 교과서 개편이 있었음에도 여전히 교과서마다 문법체계와 용어가 다른 점이 문제가 되자, 문교부는 1985년에 제1종의 단일 교과서인 고교용 문법을 편찬하여 문법교육사상 처음으로 통일문법 국정교과서 시대에 들어갔다.

합성어 [合成語, compound word]

둘 이상의 어근으로 이루어진 단어.

합성어는 구성요소의 어느 쪽도 접사가 아니라는 점에서 파생어(派生語, derivative word)와 구별된다. 합성어와 파생어는 모두 복합어(複合語, complex word)에 속한다. 일부 학자들은 단일어에 대립되는 개념으로 '합성어'라는 용어를 쓰고 합성어의 하위 유형으로 복합어와 파생어를 두기도 한다.

합성어는 구성 어근의 성격에 따라서 자립 형태로만 구성된 합성어(손목), 의존 형태와 자립 형태로 구성된 합성어(열쇠), 의존 형태로만 구성된 합성어(검붉다) 등이 있다. 한편 어근들이 결합하는 방식에 따라 합성어는 통사적 합성어와 비통사적 합성어로 나뉜다. 통사적 합성어는 국어의 정상적인 단어 배열법을 보이는 합성어로 '논밭, 작은집' 등이 있다. 비통사적 합성어는 국어의 정상적인 단어 배열법에 어긋나는 합성어로 '늦잠' 이나 '검붉다' 등이 있다. 또한 의미 구성에 근거하여 합성어를 대등적 합성어(논밭, 차례차례), 종속적 합성어(눈물, 돌다리), 융합적 합성어(밤낮[늘], 춘추[나이])로 나누기도 한다.

형용사 [形容詞, adjective]

사람이나 사물의 성질이나 상태, 존재 등을 나타내는 품사.

활용할 수 있어 수식어나 서술어로 쓰이는 용언이다. 의미면에서 유사한 관형사와는 활용 여부로 구별되며, 기능면에서 유사한 동사와는 의미면, 분포면, 형태면에서 차이가 난다.

형용사는 동사와 달리 진행형이 없으며 원칙적으로 명령형어미와 청유형어미를 취할 수 없고 부정형에서도 '-지 말다'와 결합하지 않는다. 또한 동사는 평서형 어미 '-ㄴ(는)다'와 관형사형 어미 '-는'을 취하지만, 형용사는 평서형 어미 '-다'와 관형사형 어미 '-(으)ㄴ'을 취한다.

이처럼 동사와 형용사는 형태면에서 분명하게 구별되지만 서술어와 수식어로 쓰이는 기능상의 유사점을 근거로 최근의 일부 학자들은 형용사를 동사에 포함시키고, 동사 범주를 둘로 나누어 형용사를 상태동사(狀態動詞)로 보고 원래의 동사를 동작동사(動作動詞)로 간주하기도 한다.

형용사는 활용의 규칙성을 기준으로 규칙형용사와 불규칙형용사로 나뉘기도 하고, 의미를 기준으로 성질이나 상태를 나타내는 성상형용사('달다', '붉다' 등)와 지시를 하는 지시형용사('그러하다', '어떠하다' 등), 비교형용사('같다', '낫다' 등), 수량형용사('많다', '크다' 등) 등으로 분류하기도 한다. 성상형용사는 더 세분화하여 심리형용사('좋다', '싫다' 등)와 감각형용사('달다', '차다' 등)로 구분하기도 한다.

형태소 [形態素, morpheme]

의미를 가지는 가장 작은 단위.

최소의 유의적 단위(minimal meaningful unit), 즉 어떤 의미를 나타내 주는 문법단위 중 가장 작은 단위로, 더 쪼개면 전혀 의미가 없어지는(또는 쪼개기 이전의 의미와 관련되는 의미가 없어지는) 문법단위이다.

형태소 중에는 대부분의 명사와 부사처럼 단독으로 문장에 나타날 수 있거나 단독으로 문장이 되기도 하는 것이 있어 그를 자립형태소(free morpheme)라고 하고, 동사나 형용사의 어간 또는 어미나 접사와 같이 반드시 다른 형태소와 결합하여서만 나타날 수 있는 것이 있어 그를 의존형태소(bound morpheme)라고 한다.

일반적으로 의존형태소는 여러 다른 형태소와 결합할 수 있지만, '오솔길'의 '오솔-'이나 '착하다'의 '착-'과 같이 하나의 형태소와만 결합하는 특수한 형태소를 특이형태소(unique morpheme)라 한다.

화법 [話法, narration]

남의 말이나 글 또는 고사, 격언 등에서 필요한 부분을 인용함으로써 글의 뜻을 더욱 분명히 하는 표현방법.

인용법, 인유법(引喩法)이라고도 한다. 남의 말이나 글을 인용해 글의 신뢰도를 높이거나 내용을 충실히 하고, 자기 이론의 정확성을 꾀하며, 문장에 변화를 주는 표현방법이다. 화법에는 남이 한 말을 그대로 옮겨 놓는 직접화법과 남의 말을 고쳐서 옮겨 놓는 간접화법이 있다.

직접화법에서는 다른 사람의 말과 그것을 옮겨다 쓰는 사람의 말을 분명히 구별하기 위하여 따다 쓴 말 앞뒤에 따옴표를 찍는다. 간접화법에서는 대명사, 공대법, 날짜 등이 이야기하는 사람의 관점에서 바뀌고, 따옴표를 찍지 않는다.

활용 [活用, conjugation]

동사나 형용사와 같은 용언의 어간에 다양한 어미가 붙어서 용언의 형태가 바뀌는 현상.

활용은 굴절(屈折, inflection)의 하나로, 명사의 굴절인 곡용(曲用, declension)에 대립되는 개념이다. 국어의 활용은 교착어적 특성에 따라 어근과 쉽게 분리되고 하나의 요소가 대체로 하나의 기능을 가진다는 점이 특징적이다.

활용은 규칙활용과 불규칙활용으로 나뉜다. 규칙활용은 어간이 어미를 취하여 활용할 때 일어난 형태 변동이 보편적인 음운 규칙으로 설명되는 경우이고, 불규칙활용은 보편적인 음운 규칙으로 설명되지 않는 경우를 말한다. 규칙활용의 예로는 활용할 때 어간의 변동이 없고 일반적인 어미를 취하는 동사 어간 '먹-' 을 들 수 있다. 불규칙활용은 다시 어간의 불규칙활용과 어미의 불규칙활용으로 나뉜다. 어간의 불규칙활용의 예로 'ㅅ' 불규칙활용을 들 수 있다. 'ㅅ' 받침을 가진 용언 중에는 'ㅅ' 이 모음어미 앞에서 탈락되는 경우('짓다-지으면/지어서')와 그렇지 않은 경우('벗다-벗으면/벗어서')가 있고 모음 앞에서의 '짓-' 의 형태 교체는 보편적인 음운 규칙으로 설명되지 않아서 'ㅅ' 이 모음어미 앞에서 탈락되는 것을 'ㅅ' 불규칙활용으로 본다. 어미가 불규칙활용을 하는 예로 여 불규칙활용(하다), 러 불규칙활용(푸르다)이 있다. 예전에는 '알다-아니/아시면/압니다' 처럼 'ㄹ' 이 탈락하는 현상과 '기쁘다-기뻐' 처럼 'ㅡ' 가 탈락하는 현상을 각각 'ㄹ' 불규칙활용, 'ㅡ' 불규칙활용이라 하여 불규칙활용으로 취급하였으나, 학교문법에서는 이들을 자동적인 교체로 보아서 불규칙활용에는 포함시키지 않는다.

한국어 의미론

관용어[慣用語, idiom]

한 언어의 전반적인 규칙성에 비추어 볼 때 비정상적이지만 관습화되어 통용되는 언어 형태.

관용어는 형태적으로 고정되고 통사적으로는 제약을 받거나 의미면에서는 대체로 비합성적이어서 부분 의미들의 합으로 전체 의미가 규정되지 않는다는 특징이 있다.

예를 들어 관용어인 '미역국을 먹다[불합격하다]'는 형태가 고정되어 있어서 '미역국을 안 먹다'와 같이 부정하거나, '작년에 먹은 미역국'으로 관계화하면 관용적인 의미가 사라진다. 또한 '미역국을 먹다'의 의미는 부분 의미인 [미역국], [먹다] 등의 합으로 규정되지 않는다.

관용어에는 관용적 복합어(집사람), 숙어(비행기를 태우다, 여간 ~ 아니다), 속담(소 잃고 외양간 고치기), 격언(시간은 금이다), 금기담(다리를 떨면 복이 나간다) 등이 있다.

다의어 [多義語, polysemy]

둘 이상의 의미를 갖는 단어.

다의어는 의미의 유사성이나 의미 간의 접촉에 의해 원래의 의미가 분화하여 원래 의미 이외에 여러 개의 파생 의미를 갖는 단어로, 이들 의미 사이에 연관성이 있다. 다의어는 하나의 의미만 갖는 단의어(單義語, monosemy), 하나의 언어 형식에 둘 이상의 의미가 연결되지만 의미들 간에 관련성이 없는 동음어(同音語, homonym) 등과 대립되는 개념이다.

예를 들어 '손'은 '신체 부위, 손가락, 일손, 어떤 사람의 영향력이나 권한이 미치는 범위 등'의 의미를 갖는데, 신체 부위의 의미를 중심으로 다른 여러 의미로 그 의미가 확대된 다의어이다. 한편 '손'은 '손님'이란 뜻도 갖는데, 이 '손'은 신체 부위를 나타내는 '손'과는 서로 의미의 유사성이 없으며 어원상으로도 다른 어휘이므로 신체 부위인 '손'의 동음어로 간주된다. 사전에서 다의어는 동일 어휘로 처리하고 동음어는 다른 어휘로 처리된다.

동음어 [同音語, homonym]

음성 형식은 동일하나 의미가 다른 둘 이상의 단어.

동음이의어라고도 한다. 동음어들은 다의어(多義語, polysemy)와 달리 서로의 의미 사이에 연관성이 없거나 연관성이 거의 인식되지 않는다. 동음어는 '반드시, 반듯이'와 같이 발음이 같지만 철자가 다른 동음이철어(同音異綴語, homophone)와 '쓰다[書], 쓰다[用]'와 같이 발음과 철자가 모두 같은 동철이의어(同綴異義語, homograph)가 있다. 사전에서는 흔히 동음어에 '쓰다[1], 쓰다[2]'와 같이 번호를 붙여서 별개의 표제어로 처리한다.

동음어가 생긴 원인은 첫째, 언어기호의 자의성을 반영하는 음성적 일치로 절([인사])와 절([사찰]) 등이 있고, 둘째 음운변화로 발음이 같아진 경우로 양식([樣式])과 '량식'에서 바뀐 양식([糧食])이 있다. 또한 본래 다의어였던 것이 사람들 사이에 의미의 연관성이 인식되지 않아서 동음어가 된 예로 달([月])과 달([시간의 단위]) 등이 있다.

동의어 [同義語, synonym]

형태가 다르나 동일한 의미를 갖는 둘 이상의 단어.

엄밀한 의미의 동의어들은 서로 모든 문맥에서 대치할 수 있어야 하고 개념의미, 연상의미, 주제의미 등이 일치하여야 한다. 그러나 이렇게 엄격한 기준을 만족하는 '넝쿨, 덩굴'과 같은 동의어는 그리 많지 않다. 동의어는 엄밀한 의미의 동의어인 절대적 동의어와 상대적 동의어로 나뉘고 상대적 동의어는 유의어라고 불린다.

동의어는 방언의 차이에서 비롯된 것(국수, 국시), 문체의 차이를 반영한 것(이, 치아), 전문성의 차이에 따른 것(소금, 염화나트륨), 내포(內包, connotation)의 차이에 따른 것(운전사, 기사), 완곡어법을 반영한 것(변소, 화장실) 등이 있다.

반의어 [反意語, antonym]

서로 대립되는 의미를 갖는 두 단어.

대립어(對立語) 또는 반대말이라고도 한다. 반의어들은 서로 의미가 많이 겹치지만 단 하나의 의미자질이 대립하는 경우가 많다. 예를 들어 '아버지'와 '어머니'는 모든 의미 자질이 동일하고 [+남성], [+여성]의 자질만 다를 뿐이다.

반의어는 단순 반의어, 정도 반의어, 방향 반의어로 나뉜다. 단순 반의어는 '남성, 여성', '미혼자, 기혼자'와 같이 대립되는 두 개념이 서로 배타적이어서 한 단어의 부정은 다른 단어의 긍정을 함의한다. '덥다, 춥다'와 같은 정도 반의어는 단순 반의어와는 달리 한 단어의 부정이 다른 단어의 긍정을 함의하지는 않으며, '덥다–따뜻하다–시원하다–춥다' 와 같이 반의어 사이에 다른 단어들이 끼어들 수 있다. 방향 반의어는 서로 역방향으로의 이동을 가리키는 관계로 '가다–오다, 오르다–내리다' 등이 있다.

상의어[上義語, hypernym] → 하의어

선택 제약[選擇制約, selectional restriction]

변형 생성 문법에서 사용되는 제약으로 문장에 쓰인 각 어휘 항목이 공기(共起)할 때 나타나는 제약.

선택 제약을 어긴 문장들은 통사적으로는 문제가 없으나 의미면에서 일탈을 보이는 것으로 간주된다. 예를 들어 '기쁨이 멀리 갔다' 와 같은 문장은 통사적으로는 문제가 없으나 '가다' 라는 동사에는 사람이나 동물을 주어로 요구하는 공기 제약이 있어서 비문법적인 문장이 된다.

성분분석[成分分析, componential analysis]

의미 자질을 이용하여 언어 단위인 단어, 정확히 말하면 어휘소(lexeme)를 더 잘게 쪼개어 분석하는 방법.

이 방법은 1950년대 미국의 인류학자들이 친족어 분석을 위해 채택한 방법을 발전시킨 것으로, 모든 어휘는 보편적인 성분 혹은 의미자질로 분석될 수 있다고 주장한다.

성분분석은 의미가 어휘소의 의미를 명시적으로 기술하도록 할 뿐만 아니라 서로 관련된 단어들의 관계를 경제적으로 기술하고 설명할 수 있다는 장점을 가진다.

예를 들어 '소년'은 [−성인] [+남자] [+인간]으로 기술될 수 있고, '소녀'는 [−성인] [−남자] [+인간]으로 분석될 수 있다. 이렇게 '소년'과 '소년'의 의미가 명시적으로 기술되고 두 어휘소의 대립 관계가 [남자] 자질의 유무로 설명된다.

의미 [意味]

의미의 정의에 대해서는 몇 가지 주장이 있다. 지시적 의미론, 심리주의적 의미론(표상적 의미론), 종합적 의미론, 행동주의적 의미론, 화용론적 의미론의 관점에서 의미는 각각 다음과 같이 정의된다.

지시적 의미론에서는 언어기호의 의미를 그것이 실제로 지시하는 대응물 또는 지시물이라고 간주한다. 지시의미론의 장점은 실세계의 구체적인 지시물을 이용하여 언어표현의 의미를 명시적으로 나타낼 수 있다는 점이다. 가령 '책상'의 의미는 세상의 모든 책상들의 집합으로 파악된다. 그러나 실세계에 구체적인 지시물을 가지고 있지 않은 추상명사('정', '사회주의')나 가상적인 언어 표현들('용', '도깨비') 등의 의미에 대한 설명이 어렵다는 한계가 있다.

심리주의적 의미론에서 의미를 머릿속에 가지고 있는 일종의 표상 즉 '개념'이라고 본다. 이러한 개념설은 의미를 심리적인 존재인 개념으로 파악하기 때문에 실세계에 구체적인 지시물이 없는 경우도 그 의미를 부여할 수 있는 장점을 가지고 있다. 그러나 개념을 정의하기가 쉽지 않다는 한계가 있다.

종합적 의미론은 지시적 의미론과 심리주의적 의미론의 관점을 종합한 것으로 의미를 대응물과 개념으로 파악한다.

행동주의적 의미론에서는 의미를 '자극-반응'으로 간주한다. 이런 입장은 의미를 추상적인 개념으로 보는 종래의 입장을 벗어나 과학적인 접근을 시도한 것으로 평가된다. 그러나 동일 자극에 대해서도 반응이 아주 다를 수 있어서 자극과 반응으로 의미를 포착하려는 시도는 현실적으로 쉽지 않다. 예를 들어 '비가 온다' 는 언어 자극에 대하여 '뛰어가자, 창문을 닫아라, 등산 가지 말자' 나 무반응이 가능하다.

화용론적 의미론의 입장으로는 의미를 '용법' 으로 보는 용법설이 있다. 하지만, 한 의미에 대하여 여러 용법이 가능하고 경우에 따라서는 무한수에 가까운 용법이 가능하기 때문에 이들 용법을 어떻게 효과적으로 묶어서 기술하느냐 하는 문제가 있다.

의미 삼각형 [triangle of meaning, triangle of reference]

의미를 언어기호, 개념, 지시물의 관계로 설명한 삼각형.

언어기호가 어떻게 지시물(referent)과 관련되는지 보여 주는 Ogden-Richards의 의미 삼각형은 언어기호와 실세계의 대응물과의 관계는 개념을 통하여 이루어짐을 나타낸다.

〈Ogden-Richards의 의미 삼각형〉

언어기호의 의미는 흔히 실제로 지시하는 대응물 또는 지시물로 보거나 사람들이 그것에 대해 머릿속에 가지고 있는 일종의 표상(개념)으로 간주되어 왔다. 전자는 지시적 의미론의 입장이고 후자는 심리주의적 의미론 혹은 표상의미론의 입장인데 지시의미론의 경우는 추상명사나 가상적 언어 표현들('귀신', '도깨비')의 설명이 어렵고 표상의미론은 개념을 정의하기가 쉽지 않다는 한계가 있다. Ogden-Richards의 의미 삼각형은 의미가 언어 내적인 성격이 있음을 반영하면서도 언어와 그것이 가리키는 대상인 사물 사이의 관련성을 설명해 준다.

의미의 유형

개념적 의미, 내포적 의미, 사회적 의미, 정서적 의미, 반사적 의미, 배열적 의미(연어적 의미), 주제적 의미 등과 같은 의미의 종류.

개념적 의미는 중심 의미, 기본 의미, 외연적 의미라고도 불리는 의미로 언어를 통한 의사소통에서 가장 중심적인 요소이다. '학교', '책상' 등의 단어를 제시했을 때 한국인들의 의식에서 추출할 수 있는 가장 보편적이고 핵심적인 인식의 집합이다.

내포적 의미(connotative meaning)는 어떤 표현의 전달 가치를 말한다. '여성' 이라는 단어는 [섬세하다], [감수성이 예민하다] 등의 내포적 의미를 가진다. 개념적 의미가 거의 고정적인 핵심 의미인 반면에 내포적 의미는 상대적으로 불안정하고 주변적이고 그 의미의 경계가 개방적이다.

사회적 의미 혹은 문체적 의미는 어떤 언어 표현이 그 언어가 사용되는 사회적 차원이나 층위가 다를 때 전달되는 의미이다. 이런 사회적 혹은 문체적 변이형의 차원으로는 방언, 시대, 분야, 신분 등이 있다. 예를 들어 '소금' 과 '염화나트륨' 은 지시적 의미는 같지만 각각 일상적 영역어, 과학 용어로 문체적 의미는 다르다.

정서적 의미는 청자나 화제에 대한 화자의 개인적 감정에 따라 발생하는 의미이다. 화자의 음색, 억양 등에는 화자의 감정 상태가 나타나는데, 이런 감정적 의미는 의미의 비본질적 범주에 속한다.

반사적 의미는 한 단어가 서로 다른 개념적 의미를 중심으로 생성되었을 때 생기는 의미를 말한다. '병원', '진료소' 등은 의료기관은 간판이 나타내는 반사적 의미가 달라진다.

배열적 의미는 어떤 단어가 배열된 맥락에 따라 갖게 된 의미이다. '귀엽다' 는 말은 '귀여운 소녀, 지갑, 디자인' 등에서는 정상적이지만 '귀여운 사자, 도시' 등에서는 어색하다. 이처럼 배열적 의미에서 공기 관계가 중시된다.

주제적 의미는 특정 맥락에서만 잠정적으로 사용하는 화자의 의도적 의미이다. 흔히 어순을 바꾸거나 초점을 바꾸거나 강조를 통하여 주제적 의미를 나타낸다. '철수가 침대에서 떨어졌다. 자다가' 의 경우는 '자다가' 에 초점이 놓이게 된다.

이와는 달리 의미의 유형으로 기술적 의미, 표현적 의미, 환기적 의미로 나누기도 한다.

의미장 [意味場, semantic field]

하나의 상위어 아래 각각의 의미가 밀접하게 연관된 단어들이 묶여 있는 집합.

의미장은 독일의 장이론가들에 의해 활발하게 연구된 이론으로, 이들은 한 단어의 의미는 전체를 고려했을 때 비로소 분명하게 드러난다고 보았다. 예를 들어 '금상' 의 의미는 전체가 '금상–은상–동상' 인지 아니면 '대상–금상–은상–동상' 인지에 따라 결정될 수 있다. 이때 '대상–금상–은상–동상' 은 상의 의미장을 이룬다.

흔히 언급되는 의미장의 예로 색채어 의미장이 있다. 한국어는 '빨강–주황–노랑–초록–파랑–남색–보라' 가 모여서 색채의 의미장을 이룬다. 색채의 의미장은 언어에 따라 두 개의 단어로 구성되기도 하고, 많게는 열한 개의 단어로 구성되기도 한다. 따라서 의미장의 차이는 의미장이 서로 다른 언어들 간의 번역을 어렵게 만들기도 하는데, 이러한 차이는 언어적 상대성을 주장하는 근거로도 사용되었다.

의미장 이론에는 어휘 간의 계열관계로 어휘항목들의 관계를 규정하는 계열적 장이론, '짖다' 와 '개' 의 관계와 같이 핵심이 되는 어휘에 다른 쪽이 함의되는 결합적 장이론과 이 둘을 아우르는 통합적 장이론이 있다. 어떤 언어의 모든 어휘가 어휘 장으로 전부 구조화될 수 있는지에 대해서는 논란이 있지만 어휘를 의미장이라는 틀로 구조화하려는 노력은 계속되고 있다.

전제 [前提, presupposition]

문장의 진리치와 관계없이 항상 참인 명제.

임의의 두 명제 p와 q에 대하여, p가 참인지 거짓인지와 관계없이 q가 반드시 참일 경우에 p가 q를 전제한다고 한다. 이 관계는 아래의 표로 정리할 수 있다.

전제		
p		q
T	→	T
F	→	T

예를 들어 '영희가 외국인과 결혼한 것을 후회했다.' 라는 문장에서 '영희가 외국인과 결혼했다.' 는 명제는 '영희가 외국인과 결혼한 것을 후회했다.' 라는 문장 자체의 참, 거짓과 관계없이 처음부터 참으로 받아들여지는 전제이다.

비슷한 개념으로 함의가 있는데, 함의는 p의 진리치가 참인 경우에만 q가 참인 경우에 q가 p의 함의라고 한다. 예를 들어 '철수가 영희를 죽였다.' 는 그 진리치가 참인 경우에만 '영희가 죽었다.' 는 문장이 참이 되어, '철수가 영희를 죽였다.' 가 '영희가 죽었다.' 를 함의하게 된다.

중의성 [重義性, ambiguity]

하나의 형식이 여러 가지 의미로 해석되는 것.

언어에는 형식과 의미의 양면성이 있는데 형식과 의미가 늘 일 대 일로 대응되지는 않는다. 의미의 중의성에는 어휘의 중의성, 구조적 중의성, 영역의 중의성(scope of ambiguity)이 있다.

어휘의 중의성은 어휘가 둘 이상의 의미를 가질 때 발생한다. 예를 들어 '배를 버렸다.' 는 두 가지 의미가 있다. 배는 '운송 수단의 배, 먹는 배' 의 의미가 있어서 '배를 버렸다.' 는 두 가지 의미로 중의성을 띤다. 이 예는 중의성이 단어의 형식을 통해 나타나는 경우로 어휘적 중의성이라고 한다.

구조적 중의성은 중의성이 통사 구조의 차이에 의해 생기는 경우이다. 예를 들어 '예쁜 여자의 옷' 은 여자가 예쁜 경우와 옷이 예쁜 경우로 구절의 구조를 둘 이상 가진다.

영역의 중의성은 양화사의 작용역 차이에서 발생한다. 예를 들어 '모든 남자는 한 여자를 좋아한다.' 는 문장은 모든 남자는 각각 자신이 좋아하는 여자가 한 명 있다는 의미로 사용되기도 하고 모든 학생이 동일한 여자를 공통적으로 좋아한다는 의미로 사용되기도 한다. 이 중의성은 양화사 '모든' 과 '한' 의 영역의 차이에서 발생한다. 첫 번째 의미는 '모든' 이 '한' 보다 큰 영역을 가지는 경우이고, 두 번째 의미는 '한' 이 '모든' 보다 큰 영역을 가지는 경우이다.

직시 [直示, deixis]

화자의 시공간적 입장이 기준점이 되어 사물을 직접 가리키는 데 쓰이는 단어나 그러한 문법적 자질이 든 단어.

화시 또는 가리킴말이라고도 한다. 직시는 가리키는 사물의 종류에 따라 사람 직시(person deixis), 장소 직시(place deixis), 시간 직시(time deixis)로 분류된다.

사람 직시는 1인칭, 2인칭, 3인칭의 대명사를 말한다. 한국어의 사람 직시에는 '나', '너', '우리', '그이', '저', '당신', '저희', '그분' 등이 있는데, 이들은 화자의 시공간적 입장을 기준점으로 사람을 가리키면서 사회적 관계도 동시에 나타낸다. 이처럼 한국어의 사람 직시 표현들은 사회적 관계를 나타낸다는 점에서 특징적이다.

한국어에는 '이', '그', '저'의 3원 지시사 체계가 있는데, 이러한 직시 체계 때문에 한국어의 지시사 직시 체계는 그 쓰임이 정교하다. 예를 들어 'this', 'that' 처럼 2원 체계를 갖는 언어에서는 화자가 기준이 되어 화자와 얼마나 가까우냐에 따라 지시사가 결정되지만 3원 체계에서는 화자와 청자가 기준이 되어 지시사가 결정된다.

하의어 [下義語, hyponym]

한 단어의 의미 영역이 다른 단어의 의미 영역의 한 부분을 차지하는 단어. 하위어(下位語, subordinate)라고도 한다. '호랑이'와 '동물', '동물'과 '생물'의 예에서 드러나듯이 하의어는 그 위의 여러 층위에 걸쳐 상의어를 가질 수 있다.

이와는 반대로 한 단어의 의미 영역이 다른 어휘의 의미 영역을 포함하는 단어를 상의어(hypernym) 또는 상위어라고 부른다.

함의 [含意, entailment]

명제 상호간에 존재하는 관계의 하나.

임의의 두 명제 p와 q에 대하여, p가 참인 상황에서 q가 반드시 참일 경우에 p가 q를 함의한다고 하고 q는 p의 함의가 된다. 예를 들어 명제 '철수와 영희가 학생이다.' 는 명제 '철수가 학생이다.' 를 함의하고 '철수가 영희를 죽였다.' 는 '영희가 죽었다.' 를 함의한다.

함의는 문장의 참 거짓과 관계없이 처음부터 사실로서 인정된 명제인 전제와 구별된다. 이 관계는 아래의 표로 정리할 수 있다.

함의			전제		
p		q	p		q
T	→	T	T	→	T
F	→	T/F	F	→	T

예를 들어 함의의 경우는 명제인 '철수와 영희가 학생이다.' 가 거짓일 경우 '철수가 학생이다.' 라는 명제는 참이나 거짓이 된다. 이에 반해 '영희는 외국인과 결혼한 것을 후회한다.' 에서 '영희가 외국인과 결혼했다.' 는 명제는 '영희는 외국인과 결혼한 것을 후회한다.' 가 거짓이더라도 참인 진리치를 갖는 전제가 된다.

함축 [含蓄, implicature]

발화된 문장의 일부분도 아니고 함의도 아닌데도 그 문장의 발화에 의해 암시되는 명제.

함축에는 상례적인 함축(conventional implicature)과 대화상의 함축(conversational implicature)이 있다. (1가)와 (1나)는 진리 조건이 같지만 (1나)만이 대조나 의외성 등을 포함하는 명제를 함축한다는 점에서 (1가)와 (1나)는 차이가 있다. (1나)에서는 '-지만' 의 상례적인 힘에 의해 함축이 발생한다. 이와 같이 상례적인 함축은 발화에 쓰인 특정한 표현에 의해 발생하는 함축이다. 이와는 달리 대화상의 함축은 대화의 맥락에 의해 발생한다. 예를 들어 맥락에 따라 (2가)는 (2나)와 같은 함축을 가진다.

(1) 가. 영희가 임신했고 철수가 기뻐했다.

나. 영희가 임신했지만 철수가 기뻐했다.

(2) 가. 회원 몇몇이 모임에 참석했다.

나. 모든 회원이 참석한 것은 아니다.

대화상의 함축은 담화의 보편적인 원리와 관련이 있다.

화행 [話行, speech act]

언어를 통해 이루어지는 행위.

문장의 의미인 명제는 일반적으로 참과 거짓을 따질 수 있기 때문에 참이나 거짓 중 하나가 되지만, 실제 발화에 쓰이는 많은 문장들 중에는 다음과 같이 참과 거짓을 판단하기 어려운 문장들이 있다.

(1) 가. 본인은 이 두 사람이 이 순간부터 부부가 됨을 선언합니다.

나. 나는 이번 여행에 너를 꼭 데려갈 것을 약속한다.

다. 자네 이 편지 좀 부쳐 주기를 바라네.

그와 같은 언어행위의 유형으로는 어떤 문장의 뜻과 지시를 결정하는 언표적 행위(발화 행위, locutionary act)와 어떤 취지나 목적의 행위를 수행하는 언어행위로, 언표적 행위와 동시에 발생하는 명령, 약속, 선언, 요청, 제의, 축하, 사과, 경고 등의 행위로 언어행위의 핵심을 이루는 언표내적 행위(발화수반 행위, illocutionary act), 그리고 발화로 인해 결과적으로 청자를 설득하고, 놀라게 하고, 기쁘게 하는 등의 언향적 행위(발화효과 행위, perlocutionary act)가 있다.

어떤 문장의 발화가 특정한 언표내적 행위를 구성하기 위해서는 여러 조건을 충족하여야 한다. 이들 조건들은 발화를 언표 내적 행위로서 '적정하다' 또는 '적정하지 못하다' 로 판정하므로 '적정조건' 이라고 불린다.

언표내적 행위에 필요한 적정조건들과 관련된 문장으로 목적하는 언표내적 힘을 간접적으로 나타내는 경우가 많은데 이러한 화행을 '간접화행' 이라고 한다. 다시 말해 진술, 질문, 명령의 언표내적 행위와 밀접하게 연관된 각각 평서문, 의문문, 명령문의 발화를 통해 이와 관련된 언표내적 행위를 수행하는 경우가 직접화행이고 그렇지 않은 경우가 간접화행이다. 예를 들어 '창문을 열어 주시겠어요?' 라는 발화는 질문이 아니라 창문을 열어 달라는 요청으로 주로 쓰이는데 이 경우가 간접화행이다.

한국어사

가차 [假借]

어떤 말을 한자로 나타내고자 하는데 마땅한 글자가 없을 때, 이미 있는 한자(漢字)의 음만 빌려서 그것을 적는 것.

주로 외래어를 표기(表記)할 때 쓰는데, 프랑스를 佛蘭西로 나타내는 것이 그 예임.

후한(後漢)의 허신(許愼)은 그의 저서 『설문해자(說文解字)』에서 문자의 구조 용법을 상형(象形)·지사(指事)·회의(會意)·형성(形聲)·가차(假借)·전주(轉注)의 여섯 가지로 나누었다. 이것을 육서(六書)라고 통칭한다. 이 중 추상적인 단어를 표시하는 하나의 방법은 어떤 단어와의 동음이의어(同音異義語)가 이미 문자를 가지고 있을 때 그것을 차용하는 가차의 방법이다. 가차(假借)는 독음이 같거나 비슷한 글자를 서로 대신 사용하는 것으로, 두 글자 사이의 필연적인 의미 관계는 없다. 거짓을 빌린다는 뜻으로 기본적으로 발음이 같은 글자를 빌려 쓰거나 글자의 모양을 빌리는 등 대부분 외국어의 표기를 목적으로 사용하고 부사어적 표현(의성어, 의태어)에도 가차의 개념을 사용한다. 물론 한자에서 한자를 빌리는 전주와 비슷한 의미의 가차 역시 존재한다. 가차는 그 훈음에 있어서 한자의 빌림이 외국어의 형성과정과는 관련이 없다. 낯선 문자를 익숙한 문자로 대체하여 그 뜻을 '이식(移植)' 한다고 생각하면 이해가 빠를 것이다. 가차는 한자의 확대를 줄여 준다는 의의와 동시에 외국과의 문자적 소통이 가능하게 하여 중국의 개화에 있어서 많은 효과를 거두었을 뿐만 아니라 현재 우리의 생활 속에서 사용되는 많은 외래어 표기 가운데 이 가차의 개념을 사용한 용어들이 아주 많이 있다는 데 그 의의가 있다고 하겠다. 이러한 가차의 예로는 달러 화폐 모양 그대로 사용하는 '弗' (불=화폐단위), 아시아(Asia)의 음역 '亞世亞' (아세아), 프랑스를 뜻하는 불란서(佛蘭西), 의젓하고 버젓한 모양의 의미 '堂堂' (당당) 등이 있다.

각자병서 [各自並書]

같은 자음 두 글자를 가로로 나란히 붙여 쓰는 일. 또는 그렇게 만든 글자. 'ㄲ, ㄸ, ㅃ, ㅆ, ㅉ' 따위가 있다. 『훈민정음』「해례」 합자해(合字解)에 각자병서는 'ㄲ · ㄸ · ㅃ · ㅆ · ㅉ · ㆅ' 으로 첫소리에만 나타난다고 하였다. 이들은 한자음 전탁(全濁)의 표기에 쓰였다. 이 중 'ㅆ' 과 'ㆅ' 만이 국어 단어의 어두음 표기에 쓰였고, 나머지는 형태소가 결합될 때에 쓰였다. 각자병서는 『원각경언해(圓覺經諺解)』 이후, 즉 15세기 후반부터 쓰이지 않게 되었다. 그리하여 'ㅆ · ㆅ' 마저도 자취를 감추었는데, 'ㅆ' 은 16세기에 들어 부활되었다. 17세기 이후 된소리는 주로 'ㅅ' 계열로 통일되는 경향을 보여 'ㅺ · ㅼ · ㅽ · ㅾ' 등이 쓰였는데, 'ㅅ'의 된소리만은 'ㅄ' 으로 쓰이는 것이 일반적이었다. 국어의 된소리 표기가 각자병서의 'ㄲ · ㄸ · ㅃ · ㅆ · ㅉ' 으로 통일된 것은 1933년 「한글맞춤법통일안」 제정 이후의 일이다.

겸양법[謙讓法]

중세국어에서 존자(尊者)에 관련된 비자(卑者)의 동작, 상태를 표시하는 높임법.

선어말어미는 '-숩-'으로 표현되었다. '-숩-'은 어간 말음이 'ㄱ·ㅂ·ㅅ·ㅎ'이면 '-숩-', 모음과 'ㄴ·ㅁ'이면 '-ᅀᆞᇦ-', 'ㄷ·ㅈ·ㅊ'이면 '-ᄌᆞᇦ-'으로 나타났고, 뒤에 오는 어미가 자음으로 시작되면 'ㅸ'는 'ㅂ'으로 교체되었다.

계사[繫詞, copula]

'이다'를 가리켜 부르는 용어.

'고양이는 동물이다.'라는 문장에서 '고양이'가 무엇인지 규정하는 것은 '동물'이고, 이 둘을 연결하여 긍정인지 부정인지를 나타내는 '이다'는 '계사'이다. 학자에 따라 '이다'를 '지정사'라고 부르기도 한다. 한자의 예를 들면 계사(繫詞)는 爲, 是, 曰 등 우리말의 '이다'로 풀이되는 글자를 말한다.

계통론[系統論]

한 언어가 기원적으로 어떠한 과정을 거쳐 오늘에 이르렀는가를 밝히는 연구분야.

한 언어의 뿌리를 찾고 다른 언어와 어느 정도의 친족관계를 가지며, 어느 시기에 갈려 나왔는지 등을 밝히는 것이다.

지구 상에 존재하는 수천 종의 언어들은 몇 개의 부류로 나눌 수 있는데, 그러한 부류를 언어의 종족, 즉 어족이라고 한다. 한국어는 G. J. Ramstedt와

N. Poppe에 의해 계통적으로 알타이어족(Altaic Family)에 속한다는 견해가 정설로 받아들여져 왔고, 그러한 이론을 뒷받침하는 증거들이 발견되기도 하였으나, 근래에 들어 이전의 견해에 대한 반론이 제기되기도 하였다. 한국어의 형제어라고 생각되었던 몽고어, 만주어, 터키어, 에벤키어 등에 있을 것으로 기대되던 기본어휘를 찾기가 어렵거나, 아무런 관련이 없는 것으로 보이던 언어가 한국어와 놀라울 정도로 유사성을 보이는 등의 문제가 제기된 것이다.

그럼에도 불구하고 한국어가 알타이어족에 속하며 그들 사이에는 공통적인 특질이 존재하고 있다는 점에 대한 적극적인 반증례가 보이지 않는다는 점에서 아직은 유효한 셈이라고 하겠다. 친족관계를 증명하는 데 큰 몫을 하고 있는 공동특질은 다음과 같다.

(ㄱ) 교착어, 즉 첨가어로서의 특징을 가진다.
(ㄴ) 모음조화가 있다.
(ㄷ) 관계대명사 및 접속사가 없다.
(ㄹ) 어두에 유음이나 자음군이 오지 못하는 등의 자음조직 상의 제약을 받고 있다.
(ㅁ) 문법적 기능을 나타내는 모음교체 및 자음교체가 없다.
(ㅂ) 접속사가 없는 대신 부동사, 즉 용언의 부사형이 있다.

계통적 분류 [系統的 分類]

언어를 분류하는 대표적인 방법의 하나.

다른 하나는 유형적 분류(typological classification)이다.

계통적 분류는 언어의 친족관계에 대하여 19세기 전반에 유행했던 이른바 계통수설(系統樹說)의 유물로, 친족관계가 있는 몇 개의 언어를 어족으로 묶는 것을 말한다. 또는 계통분류(genetic classification)라고 한다. 언어의 계통이란 친족관계의 증명에 의하여 수립된 다른 언어들과의 관계를 말하는 것이지만 아직도 친근관계가 밝혀지지 않고 있는 언어가 수없이 많으며 이런 언어를 '계통적으로 고립된 언어' 라고 부르고 있다. 세계의 언어는 친근관계에 의해 크게 인구어족(Indo-European family), 햄-셈어족(Hamito-Semitic family), 우랄어족(Uralic family), 알타이제어(Altaic languages), 중국-티베트어족(Sino-Tibetan family), 말라이-폴리네시아어족(Malato-Polynesian family), 그리고 드라비다어족(Dravidian family)과 같이 7개로 나눠 볼 수 있다.

고대국어[古代國語]

주로 신라시대의 언어를 가리키는 말.

현대국어는 중세국어로 소급되며, 중세국어는 다시 고대국어로 거슬러 올라갈 수 있다. 국어사의 출발점을 어디에 둘 것인가에 대해서는 고구려어와 백제어 그리고 신라어가 모두 고대국어의 후보가 될 수 있다. 그러나 중세국어의 전반기를 이루고 있는 고려어가 통일된 신라어를 근간으로 형성된 것이라는 점에서 고대국어는 신라어를 가리키는 것으로 한정한다.

곡용[曲用]

명사 또는 이에 준하는 단어가 문장 내에서 다른 단어와의 관계를 나타내기 위해서 일으키는 단어형 교체.

형태음소적 원리가 채택된 현대국어 표기법과는 달리 음소적 원리가 채택된 중세국어의 표기법은 실제로 그 음가가 반영되었는데, 체언에 격조사가 통합될 때 일부의 체언 어간은 교체형을 가지고 있었다. 표기법의 혼란을 감안한다면 근대국어도 중세국어의 그것과 같이 일부 체언 어간은 교체형을 가지고 있다. 중세국어나 근대국어는 그 교체방식이 체언이나 용언이 유사하므로 용언어간에 활용어미가 통합되어 그 어형이 달라지는 것을 활용이라 하듯이 체언에 격조사가 통합하여 그 어형이 달라지는 것을 곡용이라고 한다. 이 말은 원래 인도, 유럽어의 명사 변화에 대해 사용하던 말이지만, 국어의 체언과 조사의 결합에 대해서도 쓸 수 있다. 조사를 단어의 일부분인 어미로 간주하면 체언의 굴절적 성격이 완전하다 하겠지만 조사를 독립된 단어로 보는 관점을 취하는 경우에는 순수한 굴절 현상으로 다룰 수 없다.

공손법[恭遜法]

존대할 대상에 대한 화자의 공손한 진술을 표시하는 높임법.

현대국어에서의 상대경어법에 해당하는 것이다. 공손법의 등급은 2인칭의 명령형 어미로 나타내는데, 'ᄒᆞ쇼셔' 체, 'ᄒᆞ야쎠' 체, 'ᄒᆞ라' 체 등으로 표시된다. 'ᄒᆞ쇼셔' 체는 'ᄒᆞᄂᆞ이다, ᄒᆞ리이다, ᄒᆞᄂᆞ잇가, ᄒᆞ리잇고' 등과 같이 공손법 어미 '-이-'를 취하여 나타낸다. 'ᄒᆞᄂᆞ닝다. ᄒᆞ노닛가' 등에 보이는 공손의 등급은 'ᄒᆞ야쎠' 체로 공손법 어미 '-이-' 보다는 조금 낮은 것이다.

공통조어[共通祖語, proto language]

친족 관계에 있는 여러 언어들의 기원으로 추정되는 언어.

한국어의 기초적 요소가 어떤 계통에 속하는가에 대해서는 아직 명확하게 증명되어 있지 않으나, 알타이어 계통설이 가장 유력하다. 국어와 알타이제어의 공통 특질로는, ① 모음조화가 있다, ② 어두의 자음이 제약을 받고 있다, ③ 교착성을 보여 준다, ④ 모음교체 및 자음교체가 없다, ⑤ 관계대명사 및 접속사가 없다, ⑥ 부동사가 있다 등이 있다.

그러나 그 근거가 매우 빈약한 탓에 알타이제어와 국어의 비교가 정밀하게 이루어지지 못하고 있다. 특히 부여계제어의 완전 소멸은 국어와 알타이 제어와의 비교를 벽에 부딪치게 한다.

역사시대 이후 한반도와 만주 일대에 자리 잡은 우리 민족의 언어는 북방계인 부여계제어와 남방계인 한계제어로 나뉘어 있었을 거라 추정되는데, 부여계제어는 고구려어로 한계제어는 백제어와 신라어로 대표되었다. 후에 신라어에서 고려어-조선 전기어-조선 후기어-개화기 이후 현대국어로 내려오게 되었다.

이것을 표로 정리하여 그려 보면 다음과 같다.

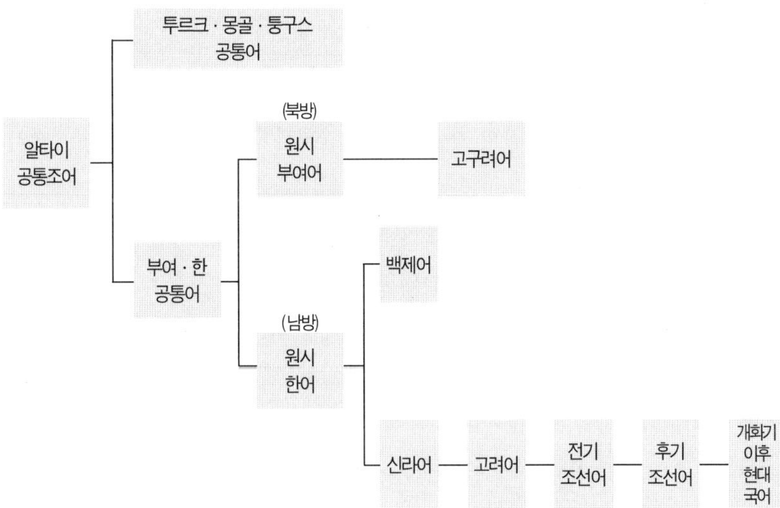

교체 [交替, alternation]

하나의 형태소가 그 주위 환경에 따라 음상이나 형태를 달리하는 현상.

이를 테면 '듣-'과 '들-'의 경우에 '들-'은 '들어라, 들었다, 들었니'에서처럼 모음 앞에만 분포하고, '듣-'은 '듣고, 듣지'에서처럼 비음 이외의 자음 앞에만 분포하는 것과 같은 것을 이른다. 이와 같이 교체의 조건이 음운적인 경우에 대하여 음운적으로 조건된(phonemically conditioned) 교체라

하고, 그 교체가 음운적으로 설명되지 않는 경우에 대하여 형태적으로 조건된(morphemically conditioned) 교체라고 한다. 이러한 교체는 달리 자동적 교체(automatic alternation)와 비자동적 교체(nonautomatic alternation)로 분류하기도 한다. 자동적 교체는, 그러한 교체가 일어나지 않는다면 그 언어의 음운 규칙에 어긋나는 교체를 말하지만, 음운 규칙에 비추어 성립이 불가능하여 일어나는 교체가 아닌 경우도 있어 그를 비자동적 교체라고 한다.

교체가 일어나는 대상은 체언과 용언의 어간, 조사와 어미에 이르기까지 폭넓다. 중세국어에서의 교체도 그와 다르지 않다. 먼저 중세국어에서 체언에 조사가 통합되거나 용언에 어미가 통합될 때 그 체언과 용언어간이 교체를 보이는 교체도 자동적인 것과 비자동적인 것이 있었다. 자동적 교체는 주로 말음이 'ㅈ·ㅊ·ㅿ·ㅍ·ㅌ'과 자음군('ㄺ, ㄼ'은 제외)인 경우에 일어났는데, 음절 말과 모음 간의 자음에 관한 규칙과 음절 말 자음에 대한 제약에 의한 것이었다.

중세국어의 비자동적 교체를 보인 체언과 용언어간은 각각 네 가지 정도의 다른 교체 양상을 보인다. 체언의 경우 (1) '남기, 남ᄀᆞᆯ, 남기, 남ᄀᆞ로, 나모와' 등으로 나타나, 휴지나 자음 앞에서는 '나모'(木)로, 모음 앞에서는 '낡'으로 교체되는 유형, (2) '노ᄅᆞ'(獐)와 '놀ㄱ'으로 교체되는 유형, (3) 'ᄆᆞᄅᆞ'(棟)와 'ᄆᆞᆯㅁ'로 교체되는 유형, (4) '아ᅀᆞ'(弟)와 '앙ㅇ'으로 교체를 보이는 유형이 그것이며, 용언의 경우에도 현대국어에서도 볼 수 있는 '듣-/들-'(聞) '묻-' /'물-'(問) 같은 것들 외에 (1) '시므고, 시므디, 심거, 심굼' 등과 같이 자음 앞에서는 '시므-'(植)로, 모음 앞에서는 '심-'으로 나타나는 유형, (2) '다ᄅᆞ-'(異)와 '달ㅇ-'로 교체되는 유형, (3) '모ᄅᆞ-'(不知)와 '몰ㄹ'로 교체되는 유형, (4) 'ᄇᆞᅀᆞ-'(碎)와 'ᄇᆞᇫㅇ-'의 교체를 보이는 유형 등이 그것이다. 이들 교체는 16세기 후반에 (2) 유형의 교체가 (3) 유형의 교체에 합류되어 근대국어에 이어졌으며, (4)는 없어지고 말았다.

중세국어의 조사의 교체 양상을 살펴보면 (1) 주격 조사는 체언 어간의 말음이 자음일 때에는 '-ㅣ/이', 모음일 때에는 그 모음과 하향 이중모음을 형성하였다. 현대국어의 주격 조사 '-가'는 15세기에는 나타나지 않는다. (2)

속격 조사에는 '-ᄋᆡ/의'와 '-ㅅ'(소위 사이시옷)이 있었다. '-ᄋᆡ/의'는 사람, 동물과 같은 유정물(有情物)의 평칭(平稱)에, '-ㅅ'은 유정물의 존칭과 무정물(無情物)에 사용되었다. (3) 처격 조사에는 '-애/에/예', '-ᄋᆡ/의'가 있었다. 처격으로 '-ᄋᆡ/의'를 취하는 명사들은 대체로 시간명사, 장소명사, 특수어간교체를 보이는 명사 등으로 정해져 있었으나 동일한 명사가 '-ᄋᆡ/의'와 '-애/에/예'를 취한 예도 있었다. 조사 '-애/에/예'는 모음조화 규칙에 따른 것으로 양모음 어간 뒤에서는 '-애', 음모음 어간 뒤에서는 '-에', i나 y 뒤에서는 '-예'로 나타났다. (4) 대격 조사는 '-ㄹ/을/ᄋᆞᆯ/를/ᄅᆞᆯ'이었다. 자음으로 끝난 체언 뒤에서는 연결 모음(—)이 삽입되었다. 그리고 모음으로 끝난 체언 뒤에 많이 나타나는 '-ᄅᆞᆯ/를'은 '-ㄹ'에 다시 '-ᄋᆞᆯ/을'이 붙은 이중형이었다. (5) '-로'는 조격과 향격의 조사였다. 자음으로 끝난 체언 뒤에서는 연결 모음 'ᄋᆞ/으'가 삽입되어 '-ᄋᆞ로/으로'로 되었다. (6) 공동격 조사는 '-와/과'였다. 어간 말음이 'ㄹ'이거나 모음이면 '-와', 그밖의 환경에서는 '-과'가 나타났었다. (7) 호격 조사로 일반적인 것은 '-하'와 '-아'였다. '-하'는 존칭으로 언제나 아랫사람이 윗사람을 부를 때 사용되었으며 '-아'는 반대로 윗사람이 아랫사람을 부를 때 사용되었다.

중세국어 어미의 교체는 주로 모음조화에 따른 것이었으며, 현대국어에서와 같이 동사 'ᄒᆞ다'와 결합되는 경우에는 어미 '-아/어-'가 '-여-'로 교체되었다.

구개음화 [口蓋音化, palatalization]

모음 i, y 앞에서 'ㄷ·ㅌ·ㄸ'이나 'ㄱ·ㅋ·ㄲ'이 'ㅈ·ㅊ·ㅉ'로 변하는 현상.

남부 지방의 방언에서 매우 일찍 일어나 북상한 음운현상이다. 서울말에서는 'ㄷ·ㅌ·ㄸ'의 구개음화만이 일어났으며 그것도 매우 늦게 일어났다. 현존 문헌들을 검토해 보면 구개음화의 예는 『왜어유해』에 먼저 나타남을 확인할 수 있다. 17세기와 18세기의 교체기에 일어났다고 보는 까닭이다.

국어사에서의 구개음화는 두 단계로 나누어 이해할 필요가 있다. 일반적으로 말하는 구개음화는 파찰음 'ㅈ·ㅊ' 등의 구개음화를 전제로 하는 것으로 두 번째 단계의 구개음화라고 할 수 있다. 'ㄷ·ㅌ·ㄸ'의 구개음화란 중세국어의 치음인 'ㄷ·ㅌ·ㄸ'이 i, y 앞에서 구개음 'ㄷ·ㅌ·ㄸ'으로 변한 일단계 구개음화가 이루어진 뒤에라야만 'ㄷ·ㅌ·ㄸ' 등의 구개음화도 생각할 수 있기 때문이다.

하지만 구개음화는 실상 i, y 앞에 온 여러 자음들에 다 적용된 것으로 보아야 한다. 'ㅅ'이나 'ㄴ'도 구개음화로 [ʃ]나 [ɲ]와 같은 이음을 가지게 되었기 때문이다.

18세기 후반에 보이는 어두에서의 i, y에 선행한 'ㄴ'의 탈락도 이 구개음화와 관련된 현상이다. 이 시기의 문헌에 어두의 '니'가 '이'로 표기된 예가 나타나기 시작하는 것이다.

구결 [口訣]

한문을 읽을 때 그 뜻이나 독송(讀誦)을 위하여 각 구절 아래에 달아 쓰던 문법적 요소.

口訣(구결)이란, '입겿, 입겾'의 한자 차용 표기로, 현토(懸吐)·토(吐)·석의(釋義)라고도 한다. '隱(은, 는)', '伊(이)' 따위와 같이 한자를 쓰기도 하였지만, '亻(伊의 한 부)', '厂(厓의 한 부)' 따위와 같이 한자의 일부를 떼어 쓰기도 하였다.

한문을 가능하면 빠르게 이해할 수단으로 한문 원문 그대로에 우리말 문법 형태소를 붙이게 되었는데, 이것이 구결이다.

天地之間 萬物之中厓 唯人伊 最貴爲尼 所貴乎人者隱 以其有五倫也羅 (동몽선습 중에서)

밑줄 친 부분이 구결인데, 한자의 소리를 빌려서 적은 것이니, 그 읽는 법은 다음과 같다.

厓-애(에), 伊-이, 爲尼-하니, 隱-는, 羅-라

그런데 불과 몇 가지밖에 되지 않는 한문 토를 적기 위해서, 어려운 한자를 쓰는 것은 무척 번거로웠을 것이고, 이미 기록된 한문 원전의 좁은 공간 사이에 적는 데에는 불편하였을 것이다. 그래서 이 한자의 형태를 줄여서 다음과 같은 새로운 문자를 만들어 내기에 이르렀다.

阝= 은/는(隱), ソ=ᄒᆞ(爲), 尒=며(弥), ヒ=니(尼), ホ=든(等), タ=다(多)

이렇게 한자의 일부를 취하여 글자를 줄여쓰게 되면, 이들은 새로운 음절 문자가 되는 셈이다. 일본 글자 역시 이러한 과정을 겪었는데, 일본어의 경우, 음절수가 적어 이러한 음절 문자가 정착할 수 있었으나, 음절 자체가 많을 뿐만 아니라 음절 구조가 복잡한 우리말에서는 이러한 표기가 정착할 수 없었다.

근대국어[近代國語]

임진란이 지난 직후 즉 17세기 초엽부터 19세기 말까지의 국어.

먼저 임진란 이전과 이후의 문헌에서 확인할 수 있는 문자 체계상의 중요한 차이로는 첫째로 방점이 완전히 사라졌으며, 둘째로 'ㆁ' 자와 'ㅿ' 자가 완전히 자취를 감추었다는 점을 들 수 있다. 그와 아울러 보이는 정서법의 혼란으로는 어두 합용병서의 혼란과 종성의 'ㅅ'과 'ㄷ'의 혼동으로부터 'ㅅ'에로의 통일 양상이 보인다는 점이다.

근대국어 시기 국어의 특징을 개괄하면 다음과 같다.

근대국어 자음체계에서는 17세기 후반에 'ㅋ'에 합류되어 버린 것으로 추정되기는 하지만, 먼저 17세기 문헌에 'ㅅㅎ'이란 특이한 표기가 나타나는 사실에 비추어 'ㅎ'의 된소리가 있었음을 지적할 수 있다. 중세국어 시기의 어두자음군은 17세기 중엽에 이르러 된소리화하는 경향을 보인다. 이런 점들을 종합하여 볼 때에 근대국어의 자음체계는 중세어의 자음체계에서 유성마찰음 계열 'ㅸ · ㅿ · ㆁ'을 빼고 'ㅈ'의 된소리를 더한 것이었다고 할 수 있다. 근대국어의 자음체계는 다음과 같다.

ㅂ ㄷ ㄱ ㅈ ㅅ ㅎ

ㅍ ㅌ ㅋ ㅊ

ㅽ ㅼ ㅺ ㅾ ㅆ ㆅ

ㅁ ㄴ ㅇ

　ㄹ

근대국어에 보이는 주목할 만한 음운 변화의 하나로는 구개음화가 있으며, 이미 중세국어에서도 많이 보이던 평음의 된소리화 및 유기음화도 근대에 들어서 더욱 일반화되었다.

근대국어의 모음체계는 18세기 후반에 들어 큰 변화를 경험하게 된다. 모음 'ㆍ'가 18세기 후반에 와서 어두음절에서 소실되는 제2단계의 소실이 일어남으로써 사라지게 되었다.

이 'ㆍ'의 소실로 18세기 말엽에 이중모음 'ㅐ', 'ㅔ'의 단모음화가 일어나게 되어, 19세기 초엽의 모음체계는 다음과 같은 8모음체계로 생각된다.

i	ㅣ	ɨ	ㅡ	u	ㅜ
e	ㅔ	ə	ㅓ	o	ㅗ
ɛ	ㅐ	a	ㅏ		

순음 'ㅁ · ㅂ · ㅍ · ㅽ' 아래의 모음 'ㅡ'의 원순모음화도 이 시기에 일어난 주목할 만한 모음 변화로 꼽을 수 있다. 원순모음화는 17세기 말엽에 이루어진 것으로 추정된다.

근대국어의 문법 체계의 특징으로는 보다 경제적이고 효율적인 체계의 지향을 들 수 있다. 먼저 용언 어간의 유리적 성격이 없어졌다. 용언 어간이 그대로 부사로 쓰인다든가, 두 용언 어간의 합성이라든가 하는 현상을 볼 수 없게 된 것이다. 또한 중세어에서는 동명사의 어미는 '-옴/움' 으로 파생접사 '-ㅁ' 에 의한 동사 파생명사와 구별되었었는데, 이 구별이 없어진 것이다.

주격조사 '가' 의 출현도 근대국어에서의 일이며, 존칭체언과 무정체언 그리고 평칭의 유정체언에 구별되어 쓰이던 속격조사가 '의' 로 단일화된 것도 근대국어의 일이다. 체언과 용언의 비자동적 교체도 단순화되는 경향을 보이게 된다.

선어말 어미 '-오/우-' 와 겸양법이라 불리는 객체경어법도 근대국어 시기에 들어서서는 찾아볼 수 없게 되었다. 여러 형태로 나타나던 감탄법의 선어말어미들은 근대에 와서 단순화되어 '-도-' 만이 남게 되었으며, 이른바 부동사 어미들도 역시 간소화되었음을 확인할 수 있다. 의문법에 있어서는 판정의문과 설명의문의 구별이 점차 근대국어에서 없어진 사실이 주목된다.

어휘의 경우에는 근대에 들어서 많은 변화가 있었다. 새로운 문물과 함께 들어온 중국어 차용어가 국어 어휘목록에 추가된 것이 그것이다. 다홍(大紅), 밍긴(網巾), 비단(匹段), 토슈(套袖), 탕건(唐巾), 무명(木綿) 등의 예를 들 수 있다.

단모음화 [單母音化]

중세국어에서의 이중모음 'ㅐ[ai]' 와 'ㅔ' [əi]가 각각 단모음 [ɛ] [e]로 변화한 현상.

단모음화가 일어난 증거로는 뒤 음절의 i의 동화로 앞 음절의 a가 ɛ 로, ə가 e로 변화한 움라우트 현상을 들 수 있다. 18세기와 19세기의 교체기에 일어난 것으로 추정되는 움라우트는 이중모음의 단모음화로 ɛ 와 e가 확립된 뒤에나 일어날 수 있는 현상이라는 점에서 이중모음 'ㅐ' , 'ㅔ' 의 단모음화는 18세기 말엽에 일어난 것으로 추정할 수 있다.

현대국어에서 단모음으로 발음되는 'ㅚ', 'ㅟ' 의 단모음화는 18세기 말엽까지는 일어나지 않았던 것으로 보이는데, 19세기 문헌에 이들 움라우트의 예는 매우 적을 뿐만 아니라 'ㅈ', 'ㅊ' 뒤에 한정되어 있기 때문이다.

대격 [對格]

서술어가 의미하는 행위가 미치는 대상이 가지는 문장 내에서의 자격.

목적격, 객격(客格), 부림자리, 빈격(賓格)이라고도 한다. 그를 나타내는 중세국어의 대격 조사는 '-ㄹ' 이었다. 자음으로 끝난 체언 뒤에서는 모음조화에 따라 연결 모음 'ㆍ/ㅡ' 가 삽입되어 '-ᄋᆞᆯ/을' 이 되고, 모음으로 끝난 체언 뒤에서는 '-ᄅᆞᆯ/를' 이 나타나는데, 이는 '-ㄹ' 에 다시 '-ᄋᆞᆯ/을' 이 붙은 이중형이었다.

동명사 [動名詞, gerund]

명사와 비슷한 기능을 수행하는 동사 · 형용사, 즉 용언의 한 활용형.

동명사는 부가어적(附加語的) 용법과 명사적 용법의 어미를 모두 포괄하는 것이다. 알타이제어의 비교에서 드러나는 가장 중요한 동명사 어미는 '*-r, *-m, *-n' 등인데 국어에 있어서도 이들 어미의 반사형(反射形)이 각기 '-ㄹ, -ㅁ, -ㄴ' 등과 같이 확인되어 국어와 알타이제어 간의 친족 관계를 증명하는 중요한 근거가 된다. 위의 동명사 어미들 가운데서 '-ㄹ, -ㄴ' 동명사는 현대국어에서는 부가어적 용법 즉 관형사적 어미로만 실현되고 있지만, 중세국어에서는 더러 명사적 용법을 보이기도 했다. 시상의 선어말어미와 결합하는 특징을 갖는 '-ㄴ, -ㄹ' 동명사의 명사적 용법은 고대에서는 더욱 일반적이었을 것인데 15세기에 이르러서는 크게 위축되었다. 한편,

'-ㅁ' 동명사는 현대국어에까지 명사적 용법을 보이고 있는데, 중세국어에서는 명사형 어미로 선어말어미 '-오/우-'와 늘 결합하여 나타나는 '-ㅁ' 동명사가 사용되었다고 할 수 있다. 이 시기의 또 다른 명사형 어미 '-기'는 아직 덜 발달된 상태였으나 근대국어 이후 점차 '-ㅁ'이 하던 일을 '-기'가 담당하게 되었고, 현대국어의 일반구어에서는 오히려 '-기'가 더 활발히 쓰이게 되었다. 최근에는 관형사형 어미 '-ㄴ, -ㄹ'과 의존명사 '것'의 결합 구성인 '-ㄴ 것, -ㄹ 것' 명사절이 그 분포를 크게 확대시켜 나가고 있다.

동명사란 동사이면서 명사적 기능을 수행하는 것이라고 할 수 있는 바, '동사이면서'라고 함은 명사형이 품사로서는 어디까지나 동사에 속함을 일컫는 것으로서, 이는 동사를 명사로 전성시킨 파생명사와는 다름을 뜻한다. 즉, '날개, 길이, 지게'에서와 같이 동사 어근 '날-, 길-, 지-' 등에 '-개, -이, -게' 등의 파생접미사가 붙어 명사로 완전히 바뀐 파생명사와는 다르다는 것이다. 파생명사는 동사적 성격을 거의 상실한 것이지만, 명사형은 동사적 성격을 유지하고 있는 것이다. 따라서 명사형은 일반적인 동사와 마찬가지로 첫째 부사, 특히 양태부사의 수식을 받을 수 있고, 둘째 시제, 높임법의 선어말어미를 동사 어간 뒤에 개재시킬 수 있다. 셋째 일반 동사처럼 서술어의 기능을 수행할 수 있다. 한편 앞시의 정의에시 '명사적 기능을 수행한다.'고 함은 명사형이 일반적 명사와 마찬가지로 조사(助詞)를 취하면서 주어·목적어·보어 등의 기능을 가진다는 것이다.

된소리 [硬音]

구강(口腔) 안의 기압(氣壓) 및 조음기관(調音器官)의 긴장도(緊張度)가 높아 강하게 파열되는 음, 또는 강한 후과도(後過渡)를 가지는 음.

연음(軟音 : 예사소리, 평음)에 대립되며, 된소리 또는 농음(濃音)이라고도 한다. 국어의 된소리 ㄲ·ㄸ·ㅃ·ㅆ·ㅉ이 이에 속한다.

국어의 경우는 흔히 성문파열(聲門破裂)이나 후두긴장(喉頭緊張)을 수반하는 음으로 설명되며, 평음(平音)과 격음(激音)과 삼지적(三肢的)으로 대립한다. 경음을 음성기호(音聲記號)로는 [k′] [t′] [p′] [s′] [tʃ′] 와 같이 표시한다.

중세국어의 된소리는 순우리말과 한자어의 그것에 차이가 있었다. 동국정운의 서에는 국어음에는 '탁성(濁聲)' 이 있는데 한자음에는 없다고 밝혀져 있다. 각자병서로 표기한 중세국어의의 된소리 'ㄲ · ㄸ · ㅃ · ㅉ' 등은 주로 동명사 어미 '-ㄹ' 밑에서만 사용되었으며 'ㅆ · ㆅ' 만이 어두음 표기에 사용되었던 것으로 보아, 15세기 중엽에는 마찰음의 된소리밖에 없었다고 할 수도 있을 것이다. 하지만 합용병서 'ㅺ · ㅼ · ㅽ' 등에 보이는 사이시옷은 된소리와 깊은 관련이 있는 것으로 보아 이들도 각각 'ㄱ · ㄷ · ㅂ' 의 된소리로 보아야 할 것이다.

'ㅆ' 의 경우 전탁 표기와, 사이시옷과 후행어의 초성 'ㅅ' 이 합한 것이 기원적으로는 차이가 있지만 동일한 발음인 'ㅅ' 의 된소리였다고 볼 수밖에 없다는 것이다. 'ㅎ' 의 된소리인 'ㆅ' 는 'ㆅㅕ-' (引)라는 동사 어간에만 존재한 것으로 'ㅃㅏㆅㅕ-' (拔), '니르ㆅㅕ-' (起), '도ᄅᆞㆅㅕ-' (廻), '두르ㆅㅕ-' (廻) 등에도 나타났었지만, 『원각경언해』에서 각자병서의 전반적 폐지로 'ㅎ' 로 바뀌어 표기되었다. 16세기에 'ㅆ' 표기는 부활되었으나 'ㆅ' 은 부활되지 못하였다. 'ㆅ' 의 된소리 자체가 없어진 것은 아니고, 기능부담량이 매우 적었기 때문인 것으로 생각된다. 17세기 문헌들에 나타나는 'ㅅㅎ' 표기로 보아 'ㅎ' 의 된소리가 근대국어시기에도 있었던 것으로 보인다.

그렇지만 'ㅈ' 의 된소리가 어두에 존재하였다는 증거를 찾기는 어렵다. 초성 합용병서에 'ㅾ' 이 없었으며, 'ㅉ' 표기가 '마ᄍᆞ비', '연쫍고', '조쪼와', '눈ᄍᆞᅀᆞ' 등에서와 같이 어중에 나타날 뿐이다. 그와 마찬가지로 중세국어 자료에 'ㆀ' 이 보이나 역시 어두에는 없었고 '괴ㆀㅕ', '미ㆀㅣᄂᆞ니라' 에서와 같이 하향 이중모음을 가진 일부 피사동파생접미사에 국한되어 있었다.

된시옷

옛글에서 된소리 글자로 쓰이던 'ㅺ·ㅼ·ㅽ·ㅆ' 따위의 시옷.

합용병서 중 'ㅅ' 계(ㅺ·ㅼ·ㅽ)는 우리말의 된소리 표기를 한 것인데, 이것을 '된시옷' 이라 부른다.

'된시옷' 이란 이름은 15세기 중엽에 불렸다고 믿어지는데 그 근거는 훈민정음의 여러 문자 중에서 유독 'ㅅ' 은 음가(音價)에 구애되지 않고 '사이시옷' 으로 사용되었으며 15세기 중엽의 표기법에 있어서 모든 받침은 다음 음절의 두음이 모음일 때는 내려 썼는데 'ㅅ' 만이 예외였다. 다음 음절의 초성이 'ㄱ·ㄷ·ㅁ·ㅅ' 등일 때도 내려 쓸 수 있었다.

모음조화 [母音調和, vowel harmony]

음절과 음절이 결합하여 하나의 단어를 형성할 때 동일 성질의 모음끼리 결합하는 현상.

이것은 한 단어의 어간 내부에서 나타나기도 하고 어미가 어간에 결합될 때에도 나타난다.

모음조화는 중세국어의 모음 연결 규칙 중에서 가장 현저한 것이었다. 모음조화의 일반 규칙은 한 단어 안에 양모음(ㆍ·ㅗ·ㅏ) 또는 음모음(ㅡ·ㅜ·ㅓ)만이 있을 수 있고 그들의 공존은 허용되지 않는 것이다. 중립모음(ㅣ)은 어느 것과도 연결될 수 있었다.

모음조화는 고대국어의 시기에도 지켜졌던 것으로 보인다. 향찰 표기에는 모음조화에 의한 어미의 교체형이 반영되지 않은 등 현존 고대국어 자료는 모음조화의 증거를 보여 주지 않지만, 중세국어와 근대국어에서 이른 시기로 올라갈수록 모음조화가 강했음이 드러나는 사실에 비추어 볼 때, 고대국어에는 매우 엄격한 모음조화가 존재했을 것이라는 추정을 한다.

중세국어 명사의 모음조화 현상으로 'ᄀᆞ롬, 다ᄉᆞᆺ, 돗가비, 바올' 등을 볼 수 있는데 이것은 명사 어간에서 양성모음들이 모음조화를 따르는 것이고, '거즛, 구슬, 그르메, 여듧' 등은 음성모음들이 모음조화를 따르는 것이다. 뿐만 아니라 명사 어간에 대격, 속격, 주제격, 처격, 조격 어미를 첨가할 때 모음조화를 보여 주는 예가 있다. '사ᄅᆞᄆᆞᆯ, 사ᄅᆞᄆᆡ, 사ᄅᆞᄆᆞᆫ, 나라해', '스스을, 스스의, 혀는, 무레' 등이 있다. 이처럼 양성모음 어간인 경우에는 '-ᄋᆞᆯ, -ᆡ, -ᄋᆞᆫ, -ㅐ' 등의 양성모음 격어미가, 음성모음 어간인 경우에는 '-을, -의, -은, -에' 등의 음성모음 격어미가 첨가된다.

한국어의 모음조화는 다른 알타이어계 언어에서 보이는 모음조화와는 차이가 있다. 다른 언어에서는 어두음절의 모음이 어간과 어미의 모음 모두에 영향을 주어 모음조화를 이루는데, 중세국어 자료에서의 모음조화는 어간말 음절의 모음에 따라 어미의 모음조화가 이루어진다. 이것은 15세기 중세국어 모음조화의 특성으로, 모음조화가 있는 다른 언어에서는 찾아볼 수 없는 것이다. 이것은 엄격히 말하면 모음조화의 일반규칙을 위반한 것이다.

중세국어의 모음조화는 체언이나 용언의 어간과 조사나 어미의 적용 내용이 달랐다. 체언이나 용언의 어간에서는 위에 말한 일반 규칙이 그대로 적용되었지만, 조사나 어미에는 특수한 제약 규칙이 적용되어 차이를 보였다. 모음으로 시작된 조사나 어미는 모음조화의 일반 규칙을 따랐지만, 자음으로 시작된 것들은 모음조화의 일반 규칙에 따르지 않은 것이다. 이를 테면 부동사어미 '-고', '-긔'는 어간의 모음이 양모음이거나 음모음이거나 그것과 조화를 보여 주지 않았던 것이다.

이러한 모음조화는 이미 중세국어 시기부터 붕괴의 양상을 보여 현대국어에 이르러서는 의성의태어와 용언의 활용에서의 부동사어미 '-아/어'의 선택 정도에 나타나고 있다.

모음추이 [母音推移, vowel shift]

13세기 이후 15세기 이전 즉 14세기 경에 국어의 모음체계에 일어난 일련의 변화.

국어의 모음추이가 일어난 시기를 확정함에 있어 15세기 국어의 모음체계를 고모음(高母音) 대 저모음(低母音)의 체계로 본다면 모음추이는 15세기보다 훨씬 이전에 일어난 것으로 보아야 한다. 1960년대에 이르러 15세기 국어 모음체계를 후설모음 대 중설모음의 대립의 체계로 하면 모음추이는 15세기 이후에 일어난 것으로 봐야 한다는 견해도 있으나 15세기 모음체계 대립은 무엇보다도 당시 각 모음의 정확한 음가 추정 작업이 선행되고 이에 근거하여 모음체계를 대립해야 한다는 주장이 보다 설득력이 있다.

15세기의 모음도를 보면 다음의 (B)와 같다.

ㅣ	ㅜ	ㅗ		ㅣ	ㅡ	ㅜ
ㅓ	ㅡ	ㆍ	⟶		ㅓ	ㅗ
	ㅏ				ㅏ	ㆍ
	(A)				(B)	

국어의 모음체계의 역사상 최대사건이라 할 수 있는 모음추이는 13세기 이후 15세기 이전 그러니까 대체로 14세기에 일어났다고 주장한다. 곧, 체계 (A)와 (B) 사이에 그 추이가 일어났다는 것이다.

이런 추이가 일어나게 된 단초는 체계 (B)에서 'ㅓ'가 중설 쪽으로 움직인데 있다고 보고, 이 중설화(中舌化)에 밀려 'ㅡ'가 위로, 'ㅡ'의 압력으로 'ㅜ'가 후설로 움직이고, 'ㅗ'는 다시 'ㅜ'의 압력으로 아래로, 마지막으로 'ㆍ'가 더욱 아래로 밀리게 되는데 이런 연쇄적 반응을 하나의 미는 사슬로 보고 있다. 이렇게 보는 이유는 'ㆍ'의 불안정성으로 보고 있다. 만약 'ㆍ'가 당기는 사슬에 의하여 보다 안정된 입지를 찾아 내려갔다면 'ㆍ'는 소실되기가 어렵다는 것이다.

무조건변화 [無條件變化]

특별한 조건 없이 일어나는 음운변화.

음운변화는 흔히 조건변화(條件變化 : 결합적변화)와 무조건변화(자생적 변화)로 분류하는데, 어떤 음의 변화가 그 인접음의 영향에 의해서 설명될 수 있을 때 이것을 조건변화라 하며 이런 조건 없이 일어나는 변화를 무조건 변화라고 한다. 조건변화가 부분적인 변화인데 비하여, 무조건변화는 전반적으로 일어난다. 가령 중세국어에서 전기와 후기 사이에 큰 모음추이(母音推移)가 일어난 것은 무조건변화의 일례로, 한 음소가 분화하여 두 음소가 되든가, 두 음소가 합류하여 한 음소가 되든가, 음소들의 대립관계가 새로워져서 음운체계에 변천이 일어나는 경우가 그것이다.

문자사 [文字史]

글자가 변천하여 온 역사.

세계 문자의 큰 흐름을 간단히 살피자면, 최초의 문자는 기원전 3000년경 무렵부터 사용되었다고 한다. 음성언어가 가지는 시간과 공간의 제약을 극복하고자 하는 노력이 문자를 만들어 쓰게 되는 데에까지 이른 것이다. 문자의 기원으로는 크게 이집트의 문자인 '히에로글리프', 중국의 '갑골문자', 메소포타미아의 '쐐기문자' 등을 들 수 있다. 이들은 모두 그림에 바탕을 두고 있다. 구체적인 개념을 주로 반영하던 그림문자는 이후 추상적인 개념을 나타내는 표의문자로 발달을 하게 된다. 그러나 표의문자는 시간이 지날수록 그 숫자가 늘어나게 되어 이용에 불편을 느끼게 되고, 그러한 불편을 해소하고자 하는 노력의 결과 소리를 기호화한 음소문자가 만들어지기에 이른 것이다.

우리의 문자 사용 역사는 한자의 수입으로부터 시작한다. 이후 한자가 가지고 있는 사용 상의 불편 즉 중국어와 우리말 사이의 거리를 극복하기 위한 이두와 향찰이라든가, 한자를 사용하더라도 한자로 표기된 한문의 이해를 도모하고자 하는 등의 편의를 위한 구결 그리고 오늘 우리가 편하게 사용하고 있는 음소문자인 훈민정음 즉 한글이 우리의 문자 사용의 역사를 구성한다.

방점 [傍點]

중세국어에서의 성조(聲調)를 표시하기 위해 사용한 기호.

'사성점' 이라고 하기도 한다. 15~16세기의 우리말 책에는 글자의 왼쪽에 점을 찍어서 소리의 높이를 나타낸 일이 있는데, 이것을 글자 옆에 있다고 해서 '방점(傍點)' 이라 하기도 하고, 또 이것은 중국말의 '사성' 과 같은 것이므로 그 이름을 그대로 가지고 와서 '사성점' 이라 하기도 한다.

소리의 높이와 점 찍는 방법을 보면, 낮은 소리는 '평성' 이라 해서 점을 찍지 아니하고, 높은 소리는 '거성' 이라 하여 점 하나를 찍고, 낮은 데서 높아 가는 소리는 '상성' 이라 하여 점을 둘 찍도록 하고 있다.

훈민정음 본문에 左加一點則去聲, 二則上聲, 無則平聲, 入聲加點同一而促急(왼쪽에 한 점을 더하면 '거성' 이요, 두 점은 '상성' 이요, 점이 없으면 '평성' 이다. '입성' 은 점 더함은 한가지로되, 촉급하다.)이라고 한 기록이 그것이다.

입성에 대하여 별도의 방점을 마련하지 않은 것은 입성이 국어 성조 체계에서 불필요한 것으로 판단하였던 데에 까닭이 있는 것으로 보인다. 중국의 사성 체계를 이론적인 배경으로 삼았지만, 국어의 성조 체계가 중국의 그것과는 차이가 있음을 알고 별도의 방점법을 궁리하였던 것이다. 아울러 상성을 처음이 낮고 나중이 높다고 설명한 사실이나 상성의 표기를 위하여 두 개의 점으로 나타낸 점도 국어의 성조가 중국어 상성과는 다른 저조와 고조의 복합체이었음을 뜻하는 것으로 이해된다. 이를 테면 '부텨' (佛)는 두 음절이 다 평성이었는데 그 주격형은 '부:톄' 로, 상성이 평성과 거성의 복합이었음을 보여 주고 있는 것이다.

병서[竝書]

둘 이상의 자음이나 모음을 아울러 쓰는 것으로 훈민정음에서 초성자 두 글자 또는 세 글자를 가로로 나란히 붙여 쓰는 일.

같은 문자들을 아울러 쓰는 것을 각자병서라 하고, 서로 다른 문자들을 아울러 쓰는 것을 합용병서라 하였다.

각자병서는 'ㄲ, ㄸ, ㅃ, ㅉ, ㅆ, ㆅ' 등 초성자에 한정된다. 이들은 전탁을 나타낸 것인데 차청을 표기하는 'ㆅ' 을 제외하고는 모두 전청을 병서하였다. 또한 이들은 주로 한자음의 초성 표기에 사용되었다. 순수한 국어 표기에서는 'ㅆ · ㆅ' 만 어두(語頭)에 사용되었고, 'ᅇ' 는 어중음 표기에 사용되었으며, 대부분은 동명사어미 '-ᄙ' 밑에서 사용되었다. 그런데 각자병서는 『원각경언해』로부터 전면적으로 폐지되었다.

합용병서에는 초성 · 중성 · 종성 합용병서가 있는데, 초성 합용병서에는 'ᄭ, ᄮ, ᄲ/ᄠ, ᄡ, ᄧ/ᄢ, ᄣ' 등, 중성 합용병서에는 'ㅘ, ㅝ, ㅙ, ㅞ' 등, 종성 합용병서에는 'ㄳ, ㄺ, ㄻ, ㄼ, ㅀ' 이 있다.

특히 초성의 합용병서는 어두의 자음군이 있었음을 보여 준다. 어두의 자음조직에 제약이 있어 자음군이 올 수 없음은 알타이어 계통의 언어가 가지는 중요한 특징이라는 점에서 이는 예외적인 사실이라고 하겠다. 중세국어 어휘의 어두에 두 자음이 올 수 있었음을 뜻하기 때문이다. 초성 합용병서 중에서 'ㅂ' 계(ᄠ · ᄡ · ᄧ · ᄩ)와 'ᄡ' 계(ᄢ · ᄣ)가 진정한 자음군을 나타냈던 것으로 보인다. 예를 들자면, ᄠᅳᆮ(意), ᄠᅦ(筏), ᄣᅵ(垢), ᄠᅳ-(浮, 開), ᄠᅱ-(躍); ᄡᆞᆯ(米), ᄡᅵ(種), ᄡᅳ-(苦, 用); ᄧᅡᆨ(隻), ᄧᅳᆫ디-(舂), ᄧᅡ-(織, 鹹); ᄩᅵ-(彈), ᄩᅳ-(皴); ᄢᅳᆯ(鑿), ᄢᅮᆯ(蜜), ᄢᅴ(時), ᄢᅦ-(貫), ᄢᅱ-(貸); ᄣᅢ(時), ᄣᅳ리(疱), ᄣᅵ리-(裂), ᄣᅵ르-(刺) 등을 들 수 있다. 이들 예에 보이는 'ㅂ' 이 어느 식으로든 발음이 되었으리라고 생각되는 까닭은 앞의 예의 현대국어형 가운데 일부 합성어에서 공시적 관점에서는 설명하기 어려운 '입쌀, 좁쌀', '입짝, 접짝', '욉씨, 볍씨', '부릅뜨-', '휩쓸-' 등의 'ㅂ'의 존재 때문이다.
어두에 자음군을 허용하지 않았던 국어에서 어두 자음군의 존재는 자음체계 내에서 불안스러워 부담이 되는 요소였다는 점에서, 어두 자음군이 전반적으로 된소리로 발달한 까닭을 이해할 수 있을 것이다.

부분중립모음[部分中立母音]

특정한 위치에서 모음조화가 일어날 경우 양모음이나 음모음에 연결되어 모음조화 규칙의 적용을 받지 않는 모음.
중세국어에서의 모음 'ㅡ'가 그러한 예이다. 모음 'ㅣ'의 경우에는 어느 위치에서든 모음조화 규칙에 관계없이 나타나 중립모음이라고 할 수 있으나, 모음 'ㅡ'는 비어두음절이라는 위치에서만 중립성을 띠었다. 모음 'ㅡ'가 부분적인 중립성을 띠게 된 까닭은 모음 'ㆍ'의 소실에서 찾을 수 있다.
모음 'ㆍ'는 두 단계에 걸쳐 소실이 되었는데 'ㅡ'의 중립모음화에 관계되는 소실은 첫 번째 단계의 소실과정이다. 이는 비어두음절에서의 'ㆍ> ㅡ'를 내용으로 하는 변화를 알게 한다. 양모음인 'ㆍ'와 음모음인 'ㅡ'는 비어두음절에서의 'ㆍ'의 소실로 인하여 'ㅡ'만 나타나게 된 것이다.

사격[斜格]

주격·호격 이외의 격을 통틀어 이르는 말.
간접격이라고도 한다.
격에 대한 분류는 형태를 기준으로 설정하기 때문에 언어에 따라 다르고 같은 언어라 하더라도 시대와 학자에 따라 다르게 보기도 하지만, 격을 편의상 8가지로 분류하면 다음과 같다.

격(格)의 명칭(名稱)	이칭(異稱)
주격(主格)-이(가)	명격(名格), 위격(爲格), 보격(補格)
속격(屬格)-의	소유격(所有格), 특격(持格)
대격(對格)-를(을)	목적격(目的格), 객격(客格)
구격(具格)-로(으로)	역격(役格), 조격(造格), 향격(向格), 전격(轉格)
여격(與格)-에(게)	위격(位格), 재격(在格), 처격(處格)
공격(共格)-와(과)	화격(和格)
호격(呼格)-야(아)	독립격(獨立格)
술격(述格)-이(∅)	

이 중 주격과 호격을 뺀 속격, 대격, 구격, 여격, 공격, 술격 등을 사격이라고 한다.

중세에서의 속격은 '-ᄋᆡ, -의' 의 두 종류가 있다. 어간말음절의 모음이 음양 어느 모음이냐에 따라서 모음조화 규칙에 의해 '-ᄋᆡ, -의' 가 달리 쓰인다.

대격은 '-ᄋᆞᆯ, -을, -ᄅᆞᆯ, -를' 로 나타나고, 중세의 구격은 '-ᄋᆞ로, -으로, -로' 이며, 여격은 '-애, -에, -ᄋᆡ, -의, -예' 가 쓰였다.

중세의 공동격은 현대어와 같이 '-와, -과' 의 두 종류가 있으나 어간과의 연결조건은 조금 다르다. 어간말음이 'ㄹ' 이외의 자음이면 '-과' 가 붙고 'ㄹ' 과 모음이면 '-와' 가 붙는다.

근대에 와서는 'ㄹ' 뒤에 '-과' 가 표기되기도 했다.

상성 [上聲]

중세국어의 성조 가운데 처음이 낮고 나중이 높은 소리.

상성을 처음이 낮고 나중이 높다고 설명한 사실과 그를 나타내기 위한 표지로 두 개의 점을 취한 사실은 상성이 저조인 평성과 고조인 거성의 복합체였음을 뜻하는 것으로 보인다. '부텨' (佛)는 두 음절이 다 평성이었는데 그 주격형 '부:톄' 의 ':톄' 가 상성으로 나타나는 것은 '텨' (평성)와 주격 조사

'ㅣ' (거성)가 병치된 결과이며, 역시 두 음절이 다 평성인 '다리' (橋)의 주격형이 '다:리' 가 된 것도 그런 예의 하나다. 특히 상성으로 표기되었던 용례들이 현대국어에 와서 장음으로 남아 있는 사실도 중세국어의 상성이 평성과 거성의 복합체였음을 확인할 수 있게 한다.

상형[象形]

훈민정음 해례 「制字解(제자해)」에서 훈민정음 28자는 각각 그 形(형)을 象(상)해서 제자(制字)했으며 초성은 모두 17자라고 하였는데, 여기서 '象(상)' 자는 '본뜨다' 의 뜻을 의미한다. 즉 '상형' 은 훈민정음의 형성 원리라고 할 수 있는 것이다.

먼저, 자음자(子音字)에 대한 상형의 원리는 「제자해」에서 다음과 같이 밝히고 있다. "어금니소리 'ㄱ' 은 혀뿌리가 목구멍을 막는 모양을 본뜨고, 혓소리 'ㄴ' 은 혀가 윗잇몸에 닿는 모양을 본떠서 만들었다. 입술소리 'ㅁ' 또한 입의 모양을 본뜨고, 잇소리 'ㅅ' 은 이의 모양을 본떴다. 그리고 목구멍소리인 'ㅇ' 은 목구멍의 모양을 본떴다." 상형에 의해 제자된 'ㄱ, ㄴ, ㅁ, ㅅ, ㅇ' 5자는 기본자로서, 기본자는 각각 발음기관의 모양을 상형하여 만들어진 것이다. 그 외의 12자는 가로획과 세로획을 더하는 방식으로 이루어졌다(이를 가획의 원리라고 한다.).

역시 「제자해」에 따르면, 모음자(母音字)에 대한 상형의 원리는 천(天), 지(地), 인(人) 삼재(三才)의 모양을 본뜬 것으로, 'ㆍ, ㅡ, ㅣ' 3자가 모음의 기본자가 된 것이다.

나머지 8자는 기본자를 결합하여 만들어 이를 초출자, 재출자 등으로 부른다.

석독[釋讀]

석독(釋讀)은 훈독(訓讀)과 같은 의미.

석독은 한자를 우리말의 뜻으로 읽으면서 한자의 본뜻을 살려 쓰는 경우를 말한다.

차자표기법(借字表記法)의 출현은 일반 대중에 의한 한자의 보편적인 사용을 그 전제로 하는바, 한자의 訓(또는 새김)과 音을 이용하여 우리말을 표기하는 방법을 가리킨다. 차차표기법의 원리는 두 가지가 있는데, 표음적 기능(表音的 機能)을 취한 것이 음독자(音讀字)이고, 표음적 기능을 버리고 표의적 기능(表意的 機能)을 살리되, 표의성을 자국어의 단어로 고정시키는 원리로 사용된 한자가 석독자이다.

'天', '地'의 '하늘텬', '짜디'에서 '하늘, 짜' 등은 자훈을 드러낸 것이고 '텬, 디'는 자음을 드러낸 것이다. 바로 이 한자의 자훈과 자음을 이용하여 우리말을 표기하게 되는데 이를 차자표기라고 한다.

자훈을 표기하는 데 이용된 한자를 훈차자(訓借字)라 하고 자음을 표기하는 데에 이용된 한자를 음차자(音借字)라고 부른다. 여기서 석독은 훈차자와 동일한 의미이다. 훈차자는 훈독(訓讀)한다고 하고 때로는 '새김'으로 새겨서 읽는다고도 한다.

석독구결[釋讀口訣]

한문을 우리말의 어순에 따라 읽고, 한자를 우리말로 훈독하여 읽는 차자표기법.

한자를 이용하여 국어를 표기하는 차자표기법의 하나로서 한문 원문을 국어로 이해하기 위한 구결에는 음독구결과 석독구결이 있는데, 이 가운데 석독구결은 한문 원문을 완전한 국어 문장에 가깝게 풀어서 이해하기 위한 것이다.

한동안 구결이라고 하면, 한문 원문을 읽어 가다가 원문 사이에 기입된 구결이 있을 때 이를 읽고 다음 한문 원문을 순차적으로 읽어가는 차자표기법으로 알려져 왔다. 이를 순차적으로 읽어가는 구결이라 하여 '순독구결(順讀口訣)', 또는 한문 원문을 한자의 음으로만 읽는다 하여 '음독구결'이라고 부른다. 그러나 『구역인왕경』이 학계에 소개되면서 음독구결과는 전혀 다른 방식의 또 다른 구결이 존재했음이 밝혀졌다. 음독구결은 일반적으로 한문 원문의 우측에 구결을 기입해 넣는 데 비해, 『구역인왕경』에는 한문 원문의 좌측에도 구결이 기입되어 있는가 하면 '역독섬(逆讀點)'도 찍혀 있다. 이 구결의 독법을 연구한 결과, 구결을 따라 읽은 구결문은 국어의 어순이 될 뿐만 아니라, 한문 원문의 한자를 음이 아닌 釋(또는 訓)으로 읽어야 하는 경우도 있음이 밝혀졌다. 이러한 구결이 바로 '석독구결'이다. 석독구결은 한문 원문을 완전한 국어 문자에 가깝게 풀 뿐만 아니라 한문 원문의 한자를 어떻게 옮겨야 하는지도 표시한다.

성조체계 → 방점

수사[數詞]

사물의 수량이나 순서를 나타내는 품사의 한 부류.

수량을 나타내는 수사를 양수사(量數詞) 또는 기수사(基數詞)라 하고, 순서를 나타내는 수사를 서수사(序數詞)라 한다.

중세국어에도 양수사나 서수사 모두 고유어계 수사와 한자어계 수사가 있다. 중세국어의 기수사는 ᄒᆞ낳(1), 둟(2), 셓(3), 넿(4), 다ᄉᆞᆺ(5), 여ᄉᆞᆺ(6), 닐굽(7), 여듧(8), 아홉(9), 엻(10), 스믏(20), 셜흔(30), 마ᄉᆞᆫ(40), 쉰(50), 여쉰(60), 닐흔(70), 여든(80), 아ᄒᆞᆫ(90), 온(100), 즈믄(1000) 등이 있었고, 부가어로 쓰일 때에는 ᄒᆞᆫ(1), 두(2), 서, 석(3), 너, 넉(4), 대, 닷(5), 예, 엿(6) 등과 같은 형태를 취하였다. 서수사는 기본수에 접미사 '자히, 차히, 재'를 연결하여 나타내었다.

순경음[脣輕音]

입술로 내는 소리인 순음(脣音).

'ㅍ, ㅁ, ㅂ'에서 파열이 아닌 가벼운 소리를 낸다고 하여 '순경음(脣輕音)'이라고 했다.

훈민정음은 28자 이외에도 여러 글자를 더 가지고 있었다. 그 중 하나는 'ㅸ'자였다. 이것은 순음 'ㅂ'자 아래에 후음(喉音) 'ㅇ'자를 합쳐 만든 것으로서 이처럼 위아래로 이어서 한 자를 만드는 방식을 연서(連署)라 하였는데 'ㅇ'자는 소리가 가벼워지는 것을 나타내는 것이라 하여 'ㅸ'을 순경음이라 불렀다. 순경음 글자로는 'ㅸ' 이외에 'ㅱ, ㆄ' 등도 있었으나 국어 표기에 쓰인 것은 'ㅸ'자뿐이었다.

대표적인 순경음 'ㅸ'은 양순유성마찰음 [β]인 것으로 추정되며, 이것은 [p]가 유성음 사이에서 약화된 것은 아니다.

『동국정운』에서는 중국운서의 순경음을 순중음으로 받아들이고 있다. 국어의 순경음은 유성음간(모음·ㄹ·ㅁ과 모음간)에서만 쓰였고 따라서 실질적으로는 양순무성마찰음-[ø]로 쓰인 바 없이 언제나 양순유성마찰음-[β]로만 쓰였다. 조선초기의 문헌인 『조선관역어(朝鮮館譯語)』에는 중세국어에서 순경음으로 반사되거나 그 뒤에 [b>w·ø]의 변화를 보인 어휘들이 기술되어 있지만 훈민정음으로 기록된 문헌에 'ㅸ'로 표기된 것은 '사ᄫᅵ'와 '더ᄫᅳᆫ' 뿐이며, 그나마 '사ᄫᅵ'는 훈민정음 해례본 용자례에만 한 번 나타날 뿐이다. 이런 사실은 훈민정음이 창제된 15세기 중엽이 'ㅸ'가 잔존한 최후의 순간이었기 때문일 것이다.

시상[時相]

시제와 상을 아울러 이르는 말.

시제란 문장에서 동사 · 형용사 따위가 나타내는 동작 · 상태의 시간적 위치(현재 · 미래 · 과거 등)를 나타내는 범주이며, 상이란 동작이나 상태의 시간축 상에서의 범위를 나타내는 문법범주의 하나로 동작의 완료를 나타내는 완료상, 동작의 진행을 나타내는 진행상 따위가 있다.

중세국어 시상법의 선어말어미는 현재의 '-ᄂᆞ-', 과거의 '-ø-', '-더-', 미래의 '-리-' 등으로 다루는 것은 시제의 관점에 선 것이고, 이들에 대하여 각각 진행, 완료, 추측 등으로 다루는 것은 상의 관점에서 바라본 것이라 하겠다.

알타이제어

투르크어 · 몽골어 · 퉁구스어 등 3계 어군의 언어들을 묶어 이르는 말.

알타이 여러 민족이 사용하는 언어로 교착어(膠着語)에 속한다. 이들 3계의 언어군 외에 한국어와 일본어를 넣어 이르기도 하지만, 반대 의견도 만만치 않고 모든 학자가 동의하고 있는 내용은 아니어서 알타이어족설에 비판적인 학자들도 많이 있으나, 이 언어들 사이의 유사성이 단순한 차용에 의한 것이라고 하기는 어렵다는 점에서 아직은 설득력을 가지고 있다고 하겠다. 각 어군의 언어가 사용되는 지역은 다음과 같다.

문법과 어휘, 문장구조 그리고 어미라든가 접사의 사용 등에서 서로 몹시 유사한 양상을 보이는 이들 언어들을 하나의 어족으로 묶는 작업은, 특히 N.N.포페에 의하여 많은 진전을 보았다고 할 수 있다.

(1) 투르크계 언어 : 투르크계 언어의 사용지역은 터키를 비롯하여 중앙아시아 지역 일대, 북부 캅카스지방, 이란 북부, 아프가니스탄, 그리고 몽골의

알타이·사얀 산맥지대에서 동시베리아 지역까지 이르고, 볼가강 유역이다.

(2) 몽골계 언어 : 주로 몽골과 네이멍구자치구에서 쓰이고, 볼가강 하류, 부랴티야공화국에서 쓰인다.

(3) 퉁구스계 언어 : 동쪽으로 캄차카·사할린, 서쪽으로 동부시베리아, 남쪽으로는 만주에 이르는 지역에서 사용된다. 만주어와 여진어도 퉁구스어에 속한다.

약체자 [略體字]

고려시대의 구결에서 획이 복잡한 차자의 일부분을 따서 사용하는 차자(借字)의 자형.

정자에서 부분을 따올 때는 그 앞부분이나 뒷부분을 따서 사용하는 것이 원칙이고 가운데 부분을 따는 예는 거의 없다.

구결에서는 해서체와 아울러 초서체도 사용한다. 일반적인 문자생활에서 개인적인 기록을 할 때는 해서체보다도 초서체를 더 많이 사용하는 경향이 있으므로 초서체에서 온 약체자도 적지 않게 나타난다. 이들은 사람에 따라 그 약체자 'ヵ, 亽, ロ'와 함께 사용되는 경우도 있으나 대체로는 약체자가 주로 쓰이고 정해체는 간혹 섞여 사용되는 것이 원칙이다. 약체자는 개인의 메모용으로 사용되는 것이기 때문에 필요하면 언제나 정자로 돌아갈 수 있다. 그리하여 토를 본문 속에 인쇄하여 넣거나 대중들에게 공표할 때는 정자로 쓰는 것이 원칙이다.

고려시대의 구결에서 기입토를 보여 주는 것은 약체자를 주로 사용한 것이다. 현재 가장 이른 약체자는 10세기까지는 소급할 수 있게 되었는데 이 자형은 11세기의 瑜伽師地論 角筆點吐에 나타나는 것과 같고 12세기 이후의 墨書口訣에 나타나는 것과도 같다. 이는 10세기에는 구결에서 약체자가 보편적으로 사용되고 있었음을 말하여 주는 것이다.

이러한 약체자는 언제나 정자와 연관되어 사용되는 것이지만 한 경전의 처음서부터 끝까지 일관성 있게 사용되는 것이므로 하나의 문자체계를 이루는 것이다. 그리하여 이 약체자만으로도 하나의 기술을 완벽하게 할 수 있는 독립된 문자의 성격을 띠는 것이다.

어두자음군 [語頭子音群]

단어의 첫머리에 오는 둘 또는 그 이상의 자음의 연속체.

중세국어의 'ᄭᅮᆷ'의 'ㅺ', 'ᄯᅡ(地)'의 'ㅼ', 'ᄲᅧᆯ'의 'ㅽ', 'ᄠᅳᆮ'의 'ㅳ', 'ᄡᆞᆯ'의 'ㅄ', 'ᄢᅮᆯ'의 'ㅴ', 'ᄣᅢ'의 'ㅵ' 따위, 영어의 'step'의 'st', 'spring'의 'spr', 'stress'의 'str' 따위이다.

중세국어 음운들의 분포에서 현대국어에서는 볼 수 없는 특징들이 있었는데, 그 중 하나는 어두(語頭)에 자음군(子音群)이 올 수 있는 현상이었다.

'ᄭᅮᆷ'의 'ㅺ', 'ᄯᅡ'(地)의 'ㅼ', 'ᄲᅧᆯ'의 'ㅽ', 'ᄠᅳᆮ'의 'ㅳ', 'ᄡᆞᆯ'의 'ㅄ', 'ᄢᅮᆯ'의 'ㅴ', 'ᄣᅢ'의 'ㅵ' 등이 그 대표적인 예들인데, 이들 어두자음군의 'ㅂ'은 실제로 제 음가(音價)를 가지고 있었던 것으로 추정된다. 현대국어의 '좁쌀, 입쌀, 햅쌀'이나 '볍씨, 욉씨', 노 '입싹, 섭싹, 입때, 섭때'나 '부릅뜨–'의 'ㅂ'이 이들 'ㅂ'의 잔재로 해석된다. 'ᄡᆞᆯ'을 『계림유사(鷄林類事)』에서 '보살'(菩薩 ᄇᆞ ᄉᆞᆯ)로 전사(轉寫)한 것이나 'ᄡᅵ'가 만주어 fusen(번식) 등과 비교될 수 있는 점 등도 모두 이들 자음군의 'ㅂ'이 실제로 'ㅂ'음을 가지고 있었음을 뒷받침해 주는 증거들이라 할 만하다.

'ㅴ, ㅵ'의 'ㅺ, ㅼ'은 된소리였던 것으로 추정된다. 따라서 글자로는 석 자더라도 어두에서 발음된 자음은 중세국어에서도 두 개가 상한(上限)이었다고 할 수 있다.

이들 어두자음군은 애초 'ㅂ' 다음에 개재해 있었던 모음이 탈락함으로써 생긴 것으로 추정된다. 중세국어의 어두자음군은 상당히 불안정한 체계를 가지고 있었던 탓에, 17세기부터 점차 된소리로 바뀌어 갔다.

어원론 [語源論, etymology]

어떤 말이 오늘날의 형태나 뜻으로 되기 전의 본디 형태나 뜻을 규명하는 학문 분야.

어원론 연구는 개별 어휘의 어원을 찾아내는 데 목적이 있는 것이 아니라, 어휘 발생 과정에 대한 체계적 인식을 바탕으로 어휘 분화 발달의 과정을 알고 본원적인 의미를 찾는 데 목적이 있다.

특정한 단어의 어원을 밝히는 작업은 현존하는 문헌에 나타나는 어형(語形)을 추적하고, 문헌이 전하지 않는 시기의 어형은 동일 계통에 속하는 다른 언어와의 비교를 통하여 추정함으로써 이루어지는데, 한 단어의 어원을 보다 상세히 규명하기 위해서는 문헌에 대한 정밀한 검토와 역사비교언어학적인 지식이 필요하며 더 나아가 폭넓은 문화사적 지식이 요구된다. 그러나 어원의 규명은 어느 단계에서건 직관(直觀)에 의한 추론과 상상을 피할 수 없기 때문에 언어학의 어떤 하위분야보다도 비과학적인 분야가 되기 쉽다. 풍부한 자료의 수집과 음운사 · 문법사 · 어휘사 등에서의 연구 성과를 바탕으로 어원 탐색이 이루어질 때 비로소 과학적인 어원론이 전개될 수 있다.

언해 [諺解]

중국어(中國語)인 한문을 한글로 풀어쓰는 일.

번역(飜譯)이란 한 언어로 표기된 것을 다른 언어로 바꾸어 표현할 경우를 일러 일반적으로 쓰이는 용어이나, '언해'는 주로 중국어나 한문을 국어로 바꾸어 표현하는 경우에만 사용된 번역 용어이다. 이 밖에도 내용상 약간 차이는 있으나 현토(懸吐) · 석의(釋義) · 음해(音解) · 훈의(訓義) · 역훈(譯訓) 언석(諺釋) 등의 명칭이 사용되기도 하였다.

상대적인 것이기는 하나 번역의 태도에 따라 의역과 직역으로 나누어 볼 수 있는바, 중세국어 자료에 보이는 언해에서도 직역과 의역의 차이를 찾아

볼 수 있다. 중세국어 언해 자료 가운데 대부분을 차지하는 직역의 경우 상대적으로 고유어보다는 한자어가 많이 쓰인다든가 한문 원전에는 있으나 우리말에는 필요 없는 전이어와 같은 요소까지 번역을 하였다든가 경어법이 덜 반영되어 있다는 점 등이 그 특징이라고 할 수 있을 것이다. 국어사 분야에서는 그들을 구분하기 위하여 자료의 이름을 달리하여 부르고 있다. '언해'라는 용어는 직역자료에 사용하고, 의역자료에 대하여서는 '번역'이라는 용어를 사용한다. 직역자료인 '소학언해, 노걸대언해' 등에 대하여 의역자료에 대해서는 '번역소학, 번역노걸대' 등과 같이 불러 구분하는 것이 그것이다.

연서 [連書]

초성자를 위, 아래로 이어 써서 새로운 단위 문자로 쓰는 것.

이것은 유성 마찰음인 순경음을 표기하기 위한 것으로, 순음자 'ㅁ, ㅂ, ㅃ, ㅍ' 아래에 후음자 'ㅇ' 자를 이어 써서 순경음 4자(ㅱ, ㅸ, ㅹ, ㆄ)를 만들었다.

「훈민정음해례」 제자해에서는 "ㅇ를 순음 아래에 연서하면 곧 순경음이 되는데, 이는 가벼운 소리로 입술이 겨우 붙을락 말락해서 후음의 소리가 많기 때문이다."라고 하였다. 이 설명은 꼭 'ㅸ' 만을 두고 한 것은 아니며, 이 소리의 글자는 순음 아래에 'ㅇ'을 연서해서 만든다고만 하였다.

연서자는 두 문자로 이루어져 있지만 각각 하나의 소리 단위이다. 연서에 의한 문자의 조합은 순음자로만 조합하여 'ㅱ, ㅸ, ㅹ, ㆄ' 4자만이 보인다.

순음자인 'ㅁ, ㅂ, ㅃ, ㅍ'은 한자의 순중음을 표기했고, 'ㅱ, ㅹ, ㆄ'은 순경음을 표기했으며, 순수한 한국어의 단어를 표기하는 데에는 'ㅸ' 만이 사용되었다. 이 글자는 훈민정음 초성체계에는 들어 있지 않으며, 세종 때 국어 표기에서의 'ㅸ'은 음절 간 모음 사이에서나 유성자음과 모음 사이에서만 쓰였고, 어두에는 쓰이지 않았다. 이 음은 세종 당대에만 쓰이다가 [w]로 변하였고, 중국음 표기에서는 [f]음을 나타내는 데 사용되었다.

「훈민정음해례본」 합자해에서는 연서의 규정을 반설음에도 응용하여 '반설경음' 자로 'ᄛ' 를 만들어 쓸 수 있다고 하였으나 실제로는 쓰이지 않았고 단지 이에 대한 언급이 있을 뿐이다.

외사 [外史]

언어 사용자들의 거주지 또는 이주에 대해서, 다른 언어 사용자들과의 접촉이라든가 사회적 문화적 환경의 변동이라든가, 그 언어에 어느 형태로나 영향을 미친 모든 사실에 대해서 관심을 갖는 역사.

국어의 외사는 언제 국어를 말하는 우리 조상들이 한반도로 들어왔으며 그 이전에는 이 반도에는 어떤 언어 사용자들이 존재했는가, 그 뒤 어떠한 곡절을 거쳐서 오늘과 같은 한반도의 언어 통일이 이루어졌는가, 또 그동안 중국어를 비롯한 북방제어와 어떻게 접촉하였으며 어떠한 영향을 받아 왔는가 등등의 문제에 관심을 갖는다.

움라우트 [umlaut]

뒤 음절의 /i/의 동화로 앞 음절의 /a/가 /ɛ/로, /ə/가 /e/변화한 현상.

이는 이중모음의 단모음화가 일어나 /ɛ/와 /e/가 확립된 뒤에 일어날 수 있는 현상이라는 점에서, 이중모음 'ㅐ', 'ㅔ' 의 단모음화는 18세기 말엽에 일어난 것으로 추정하는 것이다. 이러한 움라우트의 예는 『관성제군명성경언해』에서 많이 보이기 시작하였다. ᄋᆡᆨ기ᄂᆞᆫ(26, <ᄋᆞᆺ기-惜), ᄃᆡ리고(27, <ᄃᆞ리-煎), 메긴(28, <머기-食), 기ᄃᆡ려(30, <기ᄃᆞ리-待), 지팡이(33, <지팡이-杖), ᄉᆡᆨ기(33, <ᄉᆞᆺ기 羔) 등과 같은 예들이 그것이다.

원순모음화[圓脣母音化]

순음 'ㅁ, ㅂ, ㅍ, ㅱ' 아래의 모음 'ㅡ'가 'ㅜ'로 되는 모음 변화 현상.

중세국어시기에 있었던 '므·브·프·쁘'와 '무·부·푸·뿌'의 대립이 근대국어시기인 17세기 말에 이르러 없어지게 되어, 중세국어에서 '물(群)'과 대립을 보이던 '믈(水)'이 '물(水)'로 변하여 '물(群)'과 같은 형태를 보이게 된 것이다. 그러한 예로는 '불(火), 무즈미ᄒᆞ다(氽水), 붓다(酉責), 부티다(告示), ᄲᅮᆯ(角), 풀(草), ᄂᆞ물(菜), 붉다(紅)' 등이 있어 확인할 수 있다.

유성마찰음[有聲摩擦音]

현대국어에는 없으나 중세국어에 자음으로서 계열을 이루고 있었던 유성적 환경의 음소.

훈민정음 창제 당시인 15세기 중엽에 아주 제한적이기는 하지만 유성적인 환경에서 나타난 음소 'ㅸ', 'ㅿ', 'ㅇ'을 가리킨다. 이들의 분포 자체가 아주 제한적이어서 체계 자체가 불안정한 것이었던바, 곧 소실되고 말았다.

'ㅸ'은 양순 유성마찰음 [β]로 실현되었던 것인데, 모음과 모음 사이, 'ㄹ' 또는 'ㅿ'와 모음 사이에 나타났다. 사ᄫᅵ(蝦), '글ᄫᅡᆯ'(詞), 'ᅀᅮᆺᄫᅳ리'(哂) 등이 그러한 예이다. 그렇지만 이들 예가 그리 많은 것은 아닐 뿐만 아니라, '사ᄫᅵ'와 같은 경우에는 훈민정음 해례본 용자례에 한 번 보일 뿐이다. 쉽게 이야기하자면 15세기 중엽이 음소 'ㅸ'가 잔존한 최후의 순간이었던 것이다. 'ㅸ'는 일반적으로 w로 변하였다.

'ㅿ'은 [z]로 실현되었던 것으로 추정되는 불청불탁의 반치음인 바, 모음과 모음 사이, 'ㄴ' 또는 'ㅁ'과 모음 사이, 모음과 'ㅸ' 또는 'ㅇ' 사이에 나타났다. ᄆᆞᅀᆞᆯ(村), 한숨(歎), 몸소(躬), ᅀᅮᆺᄫᅳ리(哂), ᄀᆞᅀᅢ(剪) 등이 그러한 경우를 보여 준다. 자음 'ㅿ'의 소실은 15세기 후반에서 16세기 전반에 걸친 것으로 추정되는데, 모음 i 앞에서 먼저 시작되었다.

유성마찰음으로서의 'ㅇ' 은 보다 적극적인 자음으로서의 기능을 가진 'ㅇ' 을 가리킨다. 소극적인 'ㅇ' 의 경우에는 연철 표기를 허용하나 유성마찰음으로서의 'ㅇ' 은 연철을 거부한다. 이 'ㅇ' 은 유성 후두마찰음 [ɦ]로 추정되는데, 분포 자체는 아주 제한적이어서 y, 'ㄹ' 또는 'ㅿ' 과 모음 사이에만 나타난다. 비애(梨浦), 멀위(葡), ᄀᇫ애(剪), 거ᇫ위(蚯蚓) 등이 그러한 예들이다. 'ㅇ' 의 소실은 먼저 'ㅿㅇ' 의 'ㅇ' 의 역할이 없어지면서 일어났다. 15세기의 'ᄀᇫ애', '거ᇫ위' 등이 16세기 문헌에 'ᄀᅀᅢ', '거　ᅀᅱ' 등으로 나타나는데, 이들은 적극적인 기능을 행사하던 'ㅇ' 의 소실로 'ㅿ' 이 제2음절의 첫소리가 된 것으로 이해할 수 있다. 용언 활용에 국한된 것이기는 하나 15세기에서의 '올아', '달음' 등이 16세기 말의 『소학언해』에 '올라' (登), '올려든' (上), '달름' (異) 등으로 나타나 'ㄹㅇ' 이 'ㄹㄹ' 로 변하였음도 보여 준다.

음독 [音讀, oral reading]

한자의 음을 읽는 것.

일반적으로 음독은 읽는 것, 즉 글을 이해하기 위한 활동의 한 가지로 볼 수 있으며, 한자의 음을 읽는 것은 우리나라의 경우 통일신라의 경덕왕 때(757) 지명을 중국식으로 한자 2자로 개명한 것과 같은 일들을 통해서 중국화 과정이 심화되면서 점차로 일반화되었다고 본다. 그 이전이나 그 뒤에도 오랫동안 우리나라에는 한자의 훈으로 읽는 석독의 전통이 있었던 것으로 보이나 오늘날 우리나라에서는 한자를 언제나 음독한다.

음독구결 [音讀口訣]

한문을 음으로만 읽는 구결.

음독구결은 일반적으로 한문 원문의 우측에 구결을 기입해 넣는다. 음독구결을 행한 예로 『동몽선습』이 있다.

天地之間萬物之衆厓 唯人伊 最貴爲尼 所貴乎人者隱 以其有五倫也羅
하늘과 땅 사이에 있는 모든 것 중에 오직 사람이 가장 귀하니, 사람이 귀한 까닭은 오륜이 있기 때문이라.

위의 예에서 '厓 → 에, 伊 → 이, 爲尼 → 하니, 隱 → 은, 羅 → 라' 로 한자의 본래의 뜻과는 상관없이 음으로만 읽혀진다. 이것이 음독구결의 한 예이다. 구결에서는 이두에 쓰이던 글자가 쓰이기도 하지만 주격과 처격을 표시하는 伊, 厓는 구결에서만 쓰이는 것이다.

『동몽선습』처럼 구결까지 함께 인쇄된 책도 있었지만, 오늘날 전하는 대부분의 자료는 한문 책의 원문에 붓으로 써넣은 것이 많다. 이런 경우 구결은 약체자를 쓴다.

음소적 원리 [音素的 原理]

각 음소를 충실히 표기하는 것을 원칙으로 함으로써 한 형태소가 환경에 따라 모습을 바꿀 때 바뀐 대로 적는 것.

모든 형태음소론적 교체를 표기상에 반영하여 '값' (價)의 곡용형은 '갑시, 갑도' 로, '깊-' (深)의 활용형은 '기프니, 깁고' 등으로 표기한 것이다. 15세기에 보이는 '믿는' (信)을 '민는' 으로 표기하지 않은 것은 자음동화를 반영하지 않았던 것이다. 15세기 문헌에 '걷너-, 건너-' 등이 공존하는 것을 통해 우리는 당시 언어에 동화현상이 없었기 때문이 아니라 음소적 원리에 입각하였기 때문이라는 것을 알 수 있다.

음운변화 [音韻變化]

여러 시대에 걸친 조음 습관 상 변화의 결과로서 한 언어의 음성 상에 일어난 변화.

음운변화는 단어의 의미, 품사, 형태구조, 통사기능에 관계없이 발음에 체계적인 영향을 미친다.

일반적으로 특정한 시점에 있어서 어떤 음운이 변화하는 방향은 해당 언어 사회의 모든 성원들에게 동일하고, 동일한 음운환경에서 변화를 겪고 있는 일정한 음운을 보유한 모든 단어는 동일한 방법으로 변화하지만, 단어의 음운형태에 일어난 모든 변화가 이러한 방법으로 설명될 수 있는 것은 아니다. 유추적 변화와 같은 것은 음성적 요인에 의해서가 아니라 형태론적 재구조화에 의한 것이기 때문이고, 차용에 의한 것도 음운변화의 예외를 설명하는 원리가 된다. 차용어는 빌려간 언어의 구조에 완전히 적응하기 전까지는 음운변화를 입지 않는 것이 일반적이기 때문이다.

모든 음운변화는 그것이 음운목록에 끼치는 영향을 기준으로 할 때 두 음소 간의 대립의 무조건적 상실로 인하여 음운목록에서 해당 음소가 사라지는 합류와 특정 위치에서 나타나는 변이음이 다른 음소와 합류하고 나머지는 그대로 유지하는 조건합류 그리고 위치변이음이 환경 조건이 변화함으로써 각각의 음소로 발달하는 음소화로 구분할 수 있다.

음절적 원리 [音節的 原理]

각 음절을 소리나는 대로 충실히 표기하는 원리.

15세기 정서법의 이차적 원리로서 예를 들면 모음으로 시작되는 조사나 어미와 연결될 때 그 명사나 용언 어간의 받침을 소리나는 대로 내려쓰는 것이다. 가령 '사룸(사람 人)'의 곡용형은 '사ᄅᆞ미, 사ᄅᆞᄆᆞᆯ'로, '먹-(먹다 食)'의 활용형은 '먹고, 머그니'로 표기되었다. 현대 정서법은 '사람이', '먹으니' 라고 씀으로써 이 원리를 무시하고 있다.

음절적 표기에 예외적으로 보이는 표기가 두 가지 정도 있는데, 그 첫째가 내파음으로 소리 나는 'ㅅ' 종성이 후행어의 두음 'ㄱ, ㄷ, ㅂ, ㅅ, ㅈ' 을 경음화하는 것에 연유하여 때로 다음 음절의 첫머리에 내려다 붙여 쓰는 일이다(예 : 닷가(닦아 修) → 다까, 닛소리 → 니쏘리, 어엿브-(憫) → 어여쁘). 현대 맞춤법에서는 어간(명사 포함) 내에서는 다음 음절에 내려다 경음으로 적고(예 : 어엿브- → 어여쁘-, 엇개 → 어깨), 어간과 어미 또는 복합어 사이에서는 종성으로 적고 있다(예 : 닷가 → 닦아, 버서 · 벗고 → 벗어 · 벗고). 둘째는 'ㅇ' 을 처음에는 다음 음절의 초성으로 적다가 나중에는 앞 음절의 종성으로 적게 되었고 현대 맞춤법에서도 후자와 같이 적고 있다(예 : 바올 → 방울, 리어(잉어 鯉) → 링어 > 잉어).

의도법 [意圖法]

주관적 의도가 가미된 동작이나 상태의 진술.

설명문의 서술어에서는 발하는 이의 의도를, 의문문의 서술어에서는 듣는 이의 의도를 나타냈다. 그를 나타내기 위하여 중세국어에서는 근대어나 현대어에서는 볼 수 없는 선어말어미 '-오/우-' 를 사용하였으나, 나타나는 환경에 따라 모습은 달리하였다. 자음으로 끝난 어간 뒤에서 모음조화에 따라 '-오/우-' 로 교체하였고, 모음으로 끝난 어간 뒤에서는 모음의 연접 규칙에 따라 변했으나, 어간 말음이 'ㅏ, ㅓ' 인 경우에 '-오/우-' 가 탈락되었다. 또한 과거의 선어말어미 '-더-' 와 결합하면 '-다-' 로, 경어법의 '-시-' 와 결합되면 '-샤-' 로, 계사와 결합하면 '-이로-' 로 되었다.

선어말어미 '-오/우-' 와 결합하는 어말어미가 항상 '-오/우-' 를 수반하느냐, 때로는 수반하고 때로는 수반하지 않느냐에 따라 두 부류로 나눌 수 있는데, 이를테면 동명사의 어미 '-ㅁ' 이나 부동사어미 '-딕' 는 언제나 '-오/우-' 와 함께하는 어미였던 반면에 동명사의 어미 '-ㄴ', '-ㄹ' 은 경우에 따라 '-오-' 를 취하기도 하고 취하지 않기도 하였다.

의도법은 15세기에 동요되기 시작하여 16세기에 두 단계에 걸쳐 소멸하게 되는데, 16세기 전반에 경우에 따라 나타나던 부류의 선어말어미 '-오/우-' 가 소멸하고, 16세기 후반에 언제나 선어말어미 '-오/우-' 가 함께 나타나던 부류에서의 '-오/우-' 가 소멸되었다.

의문문 [疑問文, interrogative sentence]

화자가 청자에게 물어 그 대답을 구하는 문장 종결법의 하나.

중세국어의 의문문은 형태상으로 크게 두 가지로 구별되었다. 가부의 판정을 요구하는 의문문과 의문사가 있어 그에 대한 설명을 요구하는 의문문이 각각 첨사 '가' 계열과 '고' 계열로 구별되었다. '가' 계열에는 '가' 이외에도 '나, 아, 랴, 려' 등의 교체형이 있고, '고' 계열에는 '노, 오, 료' 등의 교체형이 있었다. 공손법의 등분에 따라 의문어미의 형태를 살펴보면, 'ᄒᆞ쇼셔' 체에 있어서는 판정 의문의 어미는 '-잇가' , 설명 의문의 어미는 '-잇고' 였다. 'ᄒᆞ라' 체에 있어서는 서술어가 체언인 경우에는 첨사 '가' , '고' 가 이 체언에 바로 연결되었고, 용언인 경우에는 선어말어미 '-니-' , '-리-' 와 '-아' , '-오' 의 결합인 '-녀' 와 '-뇨' , '-려' 와 '-료' 가 쓰였다. 그러나 'ᄒᆞ야쎠' 체에 있어서는 '-ㅅ가' 가 두 의문문에 두루 쓰였다.

중세국어의 특수한 의문법 어미로 동명사 어미 '-ㄴ' , '-ㄹ' 에 첨사 '다' 가 연결된 '-ㄴ다, -ㄹ다' 형태가 있었는데, 이들 형태가 사용된 의문문의 주어는 2인칭 대명사 '너' 로 나타났다. 이들 형태도 'ᄒᆞ야쎠' 체와 마찬가지로 판정의문과 설명의문을 포괄하였다. 아울러 '-이ᄯᆞᆫ, -이ᄯᆞ녀, -이ᄯᆞ니 잇가' 등의 어미는 수사의문문에 쓰이기도 하였다.

의미변화 [意味變化]

언어의 의미가 변화하는 현상.

언어의 의미가 변화하는 데에는 몇 가지 다른 원인을 찾아볼 수 있다. 먼저 역사적인 변화의 예로 '붓' 을 들 수 있다. 털로 만들어진 필기구만을 가리키던 것이 시간의 흐름에 따라 다른 종류의 필기구는 물론 필기행위까지 뜻하기도 하는 것이 그것이다. 사회적인 변화에 따른 의미 변화의 경우로는 '양반' 과 같은 예를 들 수 있다. 일정한 사회 계층이나 계급을 이르던 말이 그러한 대상의 의미가 없어진 후에는 점잖고 예의 바른 사람을 가리키거나 자기 남편을 남에게 이르기도 하더니 이제는 남자를 범상히 또는 홀하게 이르는 말로 쓰이고 있는 것이다. 심리적인 원인도 언어 변화의 원인이 되기도 하는데 그러한 예로는 금기어의 예를 들 수 있다. '천연두' 나 '도둑' 과 같이 피하고 싶은 대상에 대하여 '손님' 이라고 부르는 것이 그것이다. 외래어가 들어오면서 원래의 의미와 거리가 있는 뜻으로 사용되는 경우도 언어 변화의 예에 포함시킬 수 있을 것이다. 집단주택을 뜻하는 아파트(apart)의 원래 의미는 '따로따로' 정도의 의미를 가지는 것이었고, 집단주택을 의미하는 것으로는 apartment이어야 하지만 그들과는 다른 형태, 다른 의미로 쓰고 있는 것이다.

이러한 의미 변화의 유형을 살펴보면 원래의 의미와의 관계를 기준으로 삼아 볼 때 의미가 확대 또는 일반화되거나, 축소 또는 특수화되는 경우 그리고 의미가 전이되는 경우 등으로 나누어 볼 수 있다.

이두 [吏讀]

한자의 음과 뜻을 빌려 우리말을 적던, 신라에서 발달한 표기법.

넓은 의미로는 한자차용 표기법 전체를 가리켜 향찰 · 구결 및 삼국시대의 고유명사 표기 등을 총칭하는 말로 쓰이나, 좁은 의미로는 한자를 국어의 문장 구성법에 따라 고치고 이에 토를 붙인 것만을 가리키며 향찰 · 구결 등과는 다른 의미로 사용된다. 이두 · 이토(吏吐) · 이투(吏套) · 이서(吏書) 등의 호칭은 이승휴의 『제왕운기(帝王韻記)』(287경)에 처음으로 나타나고 이도(吏道)는 『대명률직해(大明律直解)』(1395)에 처음 나타나는 것으로 보아 고려시대에 들어와 이두가 점차 공문 · 관용문에만 쓰이게 되자 생긴 명칭인 듯하다.

문법형태를 보충하여 문맥을 보다 정확히 한다는 점에서는 구결과 공통점을 보이지만, 구결은 중국어의 어순을 가지고 있다는 점에서 이두와 차이가 있다. 이두는 신라 초기부터 발달하기 시작했다고 추측된다. 대체로 의미부는 한자의 새김[釋]을 취하고 형태부는 한자의 음을 취하여 특히 곡용이나 활용에 나타나는 격이나 어미를 표기하다가, 국어 문장 전체를 표기하게 되는 향찰 표기에 이른다. 7세기경에는 그 표기법이 완성되어 소송문 고시문 보고서 등의 관용문서에는 조선 후기까지 사용되었다.

이화 [異化, dissimilation]

한 낱말 안에서 서로 같거나 비슷한 소리가 중복이 될 때 어느 하나가 다른 소리로 바뀜. 또는 그런 현상.

중세국어의 '붚', '거붑', '브섭' 이 현대국어의 '북', '거북', '부엌' 으로 바뀐 것은 자음의 이화 현상이라고 할 수 있고, 'ᄀᆞᄅᆞ', '서르', '처섬' 이 '가루', '서로', '처음' 등으로 바뀐 것은 모음의 이화 현상이라고 할 수 있다.

입성 [入聲]

사성의 하나로 짧고 빨리 닫는 소리.

한자음에서는 상성 · 거성과 함께 측성이라고 하는데, 15세기 국어의 성조를 표시하기 위해 쓰이던 사성의 하나이다. 『훈민정음』 등에서 받침이 'ㄱ·ㅂ·ㄹ·ㅅ·ㄷ' 등인 것은 방점에 관계없이 모두 입성이라 하였다.

자동적 교체 [自動的 交替]

한 형태소 안에서 그 주위 환경에 따라 음상이 달라지는 현상을 교체(alternation)라고 하는데, 만일 그러한 교체가 일어나지 않는다면 그 언어의 음운 패턴이 깨어지게 되는 교체.

중세국어에서 체언이나 용언 어간에 조사나 어미가 통합될 때 그 체언이나 용언 어간이 교체를 보이는데, 그 교체에는 자동적인 교체와 비자동적인 교체가 있었다. 자동적 교체는 주로 말음이 'ㅈ ㅊ ㅿ ㅍ ㅌ'과 자음군('ㄺ, ㄼ'은 제외)인 경우에 일어났는데, 음절말과 모음간의 자음에 관한 규칙에 의한 것으로, 이를테면 '곶'(花), '밨'(外) 등은 자음으로 시작된 조사 앞에서는 '곳', '밧'으로 교체되었다.

자동적 교체를 보인 체언 중에는 'ㅎ' 말음을 가진 것들이 있었는데, 15세기 문헌에 나타나는 것을 조사해 보면 '나랗(國), ᄯᅡᇂ(地), 하ᄂᆞᆶ(天), 긿(道), 냏(川), 시냏(溪), ᄀᆞᅀᆶ(秋), 나좋(夕), 웋(上), 뒿(後), 않(內), 묗(山), 밓(野), 드릏(野), 돓(梁), 츯(源), ᄯᅩᆶ(源), ᄆᆞᅀᆶ(村), ᄠᅳᆶ(庭), 숳(藪), 움ㅎ(窟), ᄀᆞᄂᆞᆶ(陰), 뫃(方), ᄀᆞ옳(州), 셔욿(京), 여렇(諸), 맣(薯), ᄂᆞᄆᆞᆶ(菜), 밇(小麥), 좋(粟), 앓(卵), 곻(鼻), 니맣(額), ᄇᆞᆶ(臂), ᄉᆞᆶ(肌), 암ㅎ(雌), 숳(雄), 뎧(笛), ᄂᆞᆶ(刃, 經), 맗(橛), 쇼ㅎ(白衣), 긶(纓), 놓(繩)' 등 80단어를 넘는다.

용언 어간의 자동적 교체는 말음 'ㅿ', 'ㅸ'를 가진 어간에서 찾아볼 수 있다. '나ᇫ-(進), 니ᇫ-(繼), ᄃᆞᇫ-(愛), 브ᇫ-(注), 아ᇫ-(奪), 우ᇫ-(笑), 조ᇫ-(稽), 주ᇫ-(拾), 지ᇫ-(作), 고ᇦ-(麗), 구ᇦ-(炙), 누ᇦ-(臥), 더ᇦ-(暑), 쉬ᇦ-(易), 어두ᇦ-(暗), 어려ᇦ-(難), 이ᇦ-(迷), 치ᇦ- (寒), ᄀᆞᆯᇦ-(並), ᄉᆞᆯᇦ-(白), 열ᇦ-(薄)' 등이 그것으로, 이들의 말음은 자음으로 시작된 어미 앞에서는 자동적으로 'ㅅ'과 'ㅂ'으로 교체되었다.

자모[字母]

중국음운학에서 첫소리를 몇 갈래로 갈라 각 갈래의 첫소리에 제각기 대표하는 글자를 정하여 이르는 말.

음의 첫소리가 같은 모든 한자 중에서 어느 한 글자를 골라 해당 첫소리의 대표로 삼은 글자이다. 훈민정음에서는 이를 초성(첫소리)이라고 하였다. 훈민정음 해례 초성해 첫머리에 "正音初聲卽韻書之字母也"라 하여 '정음의 초성은 바로 운서의 자모'라고 하고 있다. 정음의 초성 체계가 중국 음운학의 자모 체계와 관련되어 있음을 단적으로 나타낸 것으로, "아음 설음 순음 치음 후음 반설음 반치음" 또는 "전청 차청 전탁 불청불탁"과 같은 술어의 사용이 그를 증명하는 것이라 하겠다. 훈민정음의 17초성체계와 동국정운의 23자모체계의 차이는 전탁 표기를 위한 병서의 있고 없는 것이라는 점에서 근본적으로는 동일한 것이라고 할 수 있다.

	牙音	舌音	脣音	齒音		喉音	半舌音	半齒音
全清	ㄱ 君	ㄷ 斗	ㅂ 彆	ㅈ 卽	ㅅ 戌	ㆆ 挹		
次清	ㅋ 快	ㅌ 呑	ㅍ 漂	ㅊ 侵		ㅎ 虛		
全濁	ㄲ 虯	ㄸ 覃	ㅃ 步	ㅉ 慈	ㅆ 邪	ㆅ 洪		
不清不濁	ㆁ 業	ㄴ 那	ㅁ 彌			ㅇ 欲	ㄹ 閭	ㅿ 穰

자음체계[子音體系]

국어에서 사용되는 자음들 가운데 음소로 기능하는 것들을 살펴, 자음 음소 상호간의 음운론적 대립관계를 밝힌 체계.

자음체계 역시 다른 언어 층위와 마찬가지로 시간의 흐름에 따라 변화한다. 먼저 고대국어 자음체계의 폐쇄음(파찰음 포함)에는 평음(ㅂ·ㄷ·ㅈ·ㄱ)과 유기음(ㅍ·ㅌ·ㅊ·ㅋ)의 양계열이 있었던 것으로 보고 있다. 하지만 고대국어의 유기음은 매우 제한된 조건에서 발달한 것으로 보인다. 특히 유기음 계열이 고대국어에 확립되어 있었던가 하는 문제에 관해서는 불규칙한 반영이기는 하나 유기음의 존재라는 전제 자체를 의심할 수는 없는 형편이다. 고대의 한자 차용 표기의 전반적인 검토 결과도 유기음의 존재를 암시하고 있기 때문이다. 하지만 고대국어에 된소리 계열은 존재하지 않았던 것으로 보인다.

고대국어의 자음체계의 재구에 있어서 가장 큰 문제의 하나는 유성마찰음 계열에 관한 것이라 할 수 있는데, 신라어(경주어)에 'ㅸ'와 'ㅿ'가 존재했다는 확실한 증거는 쉽게 발견되지는 않는다.

고대국어의 음절말 자음들의 발음은 주목할 만한 것이어서, 음절말 자음의 내파화가 고대에는 아직 일어나지 않았던 것으로 생각된다. 고대국어에서는 'ㅅ, ㅈ'을 비롯한 모든 자음이 음절말 위치에서도 제대로의 음가를 가지고 있었던 것으로 판단된다는 것이다.

다음으로 중세국어, 특히 15세기 중엽의 자음체계를 재구해 보면, 평음과 유기음 그리고 경음의 대립이 있었고, 유성마찰음도 일시적이기는 하지만 체계의 일부를 구성하고 있었던 것으로 보인다. 'ㅈ'의 된소리가 아직은 체계의 구성원을 이루지는 못한 다음의 체계가 중세국어의 자음체계이다.

ㅂ	ㄷ	ㄱ	ㅈ	ㅅ	ㅎ
ㅍ	ㅌ	ㅋ	ㅊ		
ㅄ	ㅼ	ㅺ		ㅆ	ㆅ
ㅸ				ㅿ	ㅇ
ㅁ	ㄴ	ㅇ			
	ㄹ				

13세기 중엽의 음절말(및 어말)에 있어서의 자음 대립은, 'ㅈ'과 'ㅊ'은 중화되었었지만, 'ㅅ'과 'ㅈ'의 중화는 아직 일어나지 않았었으며 'ㅎ'도 발음되었던 것으로 추정되어, 평음과 유기음이 중화되었던 것으로 가정하면, 'ㄱ·ㄴ·ㄷ·ㄹ·ㅁ·ㅂ·ㅅ·ㅿ·ㅇ·ㅈ·ㅎ' 등이 있었던 셈이 된

다. 그에 비하여 중세국어 특히 후기중세국어의 음절말(및 어말)에 있어서의 자음 대립이 매우 제한되어 있음은 해례 종성해의 8종성 사용에 대한 규정을 통하여 확인할 수 있다. 음절말 위치의 자음 대립이 'ㄱ·ㆁ·ㄷ·ㄴ·ㅂ·ㅁ·ㅅ·ㄹ'의 8자음에 국한되어 있었음을 명시한 것으로, 15세기 중엽에 있어서는 평음과 유기음의 대립('ㄷ', 'ㅌ' 등)이나 'ㅅ', 'ㅈ', 'ㅊ'의 대립이 음절말 위치에서 이미 중화되었음을 밝히고 있다.

근대국어 자음체계의 특징은 유성마찰음의 소실과 'ㅈ' 된소리의 등장으로 특징지을 수 있어 다음과 같은 체계를 상정할 수 있다.

ㅂ ㄷ ㄱ ㅈ ㅅ ㅎ
ㅍ ㅌ ㅋ ㅊ
ㅅㅂ ㅅㄷ ㅅㄱ ㅆ ㅆ ㆅ
ㅁ ㄴ ㆁ
ㄹ

'ㅎ'의 된소리는 17세기 국어에만 존재하고 이후 'ㅋ'에 합류된 것으로 추정된다.

장음[長音]

중세국어의 성조(평성, 상성, 거성, 입성) 중 '상성(낮았다가 높아지는 소리)'이 변한 긴소리.

현대국어에서 소리의 길이는 모음에 나타나는데, 단어의 뜻을 분별하는 기능을 하기 때문에 '음운'의 한 부분이 된다. 이를테면, 장음으로 발음되는 단어는 '명사' 뿐만이 아니라 용언에도 많다.

'밤(夜) / 밤:(栗) 솔(松) / 솔:(옷솔) 발(足) / 발:(簾) 눈(眼) / 눈:(雪) 굴(貝類) / 굴:(窟) 벌(罰) / 벌:(蜂) 배(梨) / 배:(培) 장(市場) / 장:(臟)

무력(無力) / 무:력(武力)　가정(家庭) / 가:정(假定)　돌(생일) / 돌:(石)　사신(私信) / 사:신(使臣)　적다(기록하다) / 적:다(少量)　묻다(매장하다) / 묻:다(問)' 등이 장단음의 대립을 보여 주는 예가 된다.

전청 [全淸]

훈민정음의 초성 체계 가운데 'ㄱ, ㄷ, ㅂ, ㅅ, ㅈ, ㆆ' 따위에 공통되는 음성적 특질을 이르는 말.

현대 음성학의 무성 자음에 해당한다.

전탁 [全濁]

훈민정음 창제 시 각자병서인 'ㄲ, ㄸ, ㅃ, ㅆ, ㅉ, ㆅ' 따위에 공통되는 음성적 특질을 이르던 말.

훈민정음의 17초성에는 포함되지 않으나, 동국정운의 23자모에는 포함된다.

정서법 [正書法]

어떤 문자로써 한 언어를 표기하는 규칙.

표기법이란 용어도 널리 쓰인다. 맞춤법이란 철자하는 법, 즉 글자를 맞추어 나가는 법이라는 의미로 만들어진 이름이므로 결국 정서법과 같은 의미를 가진다. 따라서 국어 정서법은 한글로써 우리말을 표기하는 규칙 전반을 가리키는 것으로 흔히 한글맞춤법이라 부른다. 한글맞춤법의 기본 뼈대는 「훈민정음」에 규정되어 있었다.

15세기 정서법의 원리는 크게 음소적 원리와 음절적 원리의 두 가지로 나누어 볼 수 있다.

1) 음소적 원리 : ① 체언과 용언의 기본 형태를 밝히지 않고 각 음소를 소리나는 대로 표기하는 음소주의를 원칙으로 한다(표음적 표기법). '값(價)'의 곡용형은 '갑시, 갑도,…' 등으로 표기한다. '깊-' (深)의 활용형은 '기프니, 깁고,…' 등으로 표기한다. ② '용비어천가' 와 '월인천강지곡' 에서는 세종이 참가하여 형태주의의 뜻을 펼쳤다(표의적 표기법). 곶, 딮동, 깊고, 맛나며, 깊거다. ③ 자음동화는 반영하지 않는다. '믿는(信)' 을 '민는' 으로 표기하지 않는다.

2) 음절적 원리 : ① 받침 있는 체언이나 용언의 어간에 모음으로 시작되는 조사나 어미가 붙을 때에 원칙적으로 이어적기를 한다. ② '월인천강지곡' 에서는 끊어적기를 한 예도 보인다. 눈에, 일, 을, 죵, 안아 … (분철식 표기). ③ 다음과 같은 경우 음절적 원리에 벗어나기도 한다. 'ㅅ' 은 다음 음절의 첫음이 'ㄱ · ㄷ · ㅂ · ㅅ' 등일 때(즉 초성 합용병서가 가능한 경우)에 한해서 내려쓰는 수가 있다.

조사 [助詞]

단어 또는 어절에 붙어 관계를 나타내거나 뜻을 더해 주는 기능을 하는 품사.

격조사와 보조사로 구분된다. 격조사는 원칙적으로 체언에 붙어 체언을 같은 문장 안의 다른 단어와 일정한 문법적 관계를 맺게 하는 기능을 한다. 한 문장 안에서 체언이 다른 단어에 대하여 갖고 있는 자격을 '격' 이라 한다.

각 시대별 조사의 목록을 정리하여 보면 다음과 같다.

〈고대국어의 조사〉

주격조사 : 伊, 是 (-이)

속격조사 : 矣, 衣 (-의/ 이), 叱 (-ㅅ)

처격조사 : 中, 良中 (아/어, -히/희)

대격조사 : 乙(-ㄹ), 肹(-흘)

조격조사 : 留(-루)

특수조사 : 隱(ㄴ), 置(두)

* 고대국어 자료에서 대격조사가 한결같이 '乙'로 표기되고 있으나 이는 차자표기가 가지고 있는 한계 때문으로 이해된다.

〈중세국어의 조사〉

주격조사 : 체언 어간 말음이 자음일 때, '-ㅣ', 체언 어간 말음이 모음일 때, 그 모음과 하향 이중모음 형성.

속격조사 : 유정물 평칭에, '-의', 유정물 존칭과 무정물에, '-ㅅ'.

예) 象의 香, 世尊ㅅ 神力

처격조사 : '-애' (양모음 어간 뒤에서는 '-애', 음모음 어간 뒤에서는 '-에', i나 y 뒤에서는 '-예'), '-인/의' (시간명사, 장소명사, 특수어간 교체하는 명사 뒤에서)

대격조사 : '-ㄹ' (-올/을, -롤/를)

예) 가칠(용비어천가)

조격 · 향격조사 : '-로'

공동격조사 : 어간 말음이 'ㄹ'이거나 모음일 경우, '와', 그 외에는 '과'.

예) 몰와(馬), 쇼와(牛), 구룸과(雲), 능례과(能禮).

호격조사 : 존칭으로, 아랫사람이 윗사람을 부를 때, '-하'. 윗사람이 아랫사람을 부를 때, '-아'.

〈근대국어의 조사〉

근대국어의 조사는 중세와 거의 비슷하나, 몇 가지 달라진 점이 있다.

주격조사 : 16세기 문헌에서 '-가'의 존재가 처음 보이기는 하나 17세기에 들어 보다 활발하게 쓰이기 시작하였다.

예) "ᄫᅵ가 올 거시니", "東萊가 요ᄉᆞ이 편티 아니ᄒᆞ시더니"

'-가' 는 발달 초기 단계에서 y를 가진 이중모음 뒤에서 나타나다가, 점차 모음으로 끝나는 모든 명사의 뒤에서 사용되는 현대어의 상태로 확대되었다.

속격조사 : 중세어에서 사용된 '-ㅅ' 은 사이시옷이 되고, '-의' 만 사용하게 되었다.

공동격조사 : '-와' 는 모음 뒤에, '-과' 는 자음 뒤에 사용하게 되었다. 16세기에 y 뒤에 '-과' 가 나타나 16세기에도 계속되었으나, 모음 뒤에는 '-와' 로 통일되었다.

호격조사 : 존칭 호격조사 '-하' 는 쓰이지 않게 되었다.

종성 [終聲]

음절의 구성에서 마지막 소리인 자음.

'감', '공' 에서 'ㅁ', 'ㅇ' 따위이다. '끝닿소리, 끝소리, 말음(末音), 받침, 받침 끝닿소리, 받침소리' 라고도 한다.

종성에 대한 분명한 인식은 훈민정음 창제의 이론적인 기초가 되었다고 할 수 있다. 한 음절을 초성, 중성, 종성의 셋으로 나누었을 뿐만 아니라 초성과 종성의 동일성을 인식하였던 것으로, 한 음절을 성모(聲母)와 운모(韻母)로 둘로 나누는 중국 음운학의 전통적 방법을 근본적으로 변혁시킨 것이었다고 하겠다. 초성과 중성을 위해서 문자들을 만들었지만, "終聲復用初聲" 이라 하여 종성의 표기를 위한 별도의 문자를 만들지 않은 것은 그러한 인식의 결과였던 것이다.

"終聲復用初聲" 이라고 하였지만 초성의 모든 글자를 종성에 사용하는 것은 아니어서 해례 종성해에서는 "ㄱㆁㄷㄴㅂㅁㅅㄹ 八字可足用也"라 하여 종성을 사실상 8자 체계로 규정하였다.

종성의 합용병서에 대해서는 해례 합자해에 "終聲二字三字合用 如諺語흙

爲土낛爲釣 ᄃᆞᇌᄣᅢ爲酉時之類"라 하였다. 사이시옷을 제외하면 문헌에 나타나는 종성 합용병서는 'ᆪ, ᆬ, ᆰ, ᆱ, ᆲ, ᆹ' 뿐이다.

종속절 [從屬節]

문장 속에서 부사나 명사 혹은 형용사 역할을 하는 절.

중세국어의 문장의 구조와 현대국어의 문장구조 사이의 중요한 차이의 하나로 종속절의 변형을 들 수 있다. 이를 테면 "이 東山ᄋᆞᆫ 須達ᄋᆡ 산 거시오"(석보상절 6:40r), "내ᄋᆡ 어미 爲ᄒᆞ야 發ᄒᆞᆫ 廣大誓願ᄋᆞᆯ 드르쇼셔"(월인석보 21:57ㄴ) 등에서 종속절의 주어가 속격형으로 변형되어 나타나는 것이 그것이다. 동명사를 가진 종속절에 있어서도 같은 현상이 나타나 "意根ᄋᆡ 淸淨호미 이러ᄒᆞᆯᄊᆡ"(석보상절 19:25ㄱ), "어마니미 즉자히 닐오ᄃᆡ 네의 出家호ᄆᆞᆯ 듣노라"(석보상절 21:39ㄱ)과 같이 속격형으로 주격을 나타내는데 특히 인칭대명사의 속격형이 '내, 네'가 아니라 '내ᄋᆡ, 네의' 등이었음도 유의할 필요가 있다. 또한 종속절의 주어가 대격형으로 변형되어 있는 경우도 있어, "사ᄅᆞ미 이ᄅᆞᆯ 다ᄫᅩᆺ 옮ᄂᆞᆺ호ᄆᆞᆯ 슬노니"(두시언해 7:16ㄱ), "오직 ᄡᅮᆨᄋᆞᆯ ᄯᅳ며 ᄡᅳ믈 맛본 거시라"(번역소학 9:31ㄴ)에서와 같은 예가 그것인 바 이와 같은 사실은 알타이제어와 일치하는 점에서 흥미롭다고 하겠다.

중성 [中聲]

음절의 구성에서 중간 소리인 모음.

'강'에서 'ㅏ', '물'에서 'ㅜ' 따위이다. '가운뎃소리, 속소리, 중음(中音)'이라고도 한다. 훈민정음에서의 중성은 중국 음운학에 해당하는 것이 없는 것이어서 독자적으로 만들어진 것이라는 점에서 그를 설명하기 위하여 사용된 술어들도 중국 음운학에서는 볼 수 없는 것들이었다. 중성의 세 기본음은

'·, 一, ㅣ'로 그를 나타내기 위한 중성자는 천, 지, 인 삼재의 모양을 본떴다고 한다. 이들 기본음에 대하여서는 "·舌縮而聲深 天開於子也 形之圓 象乎天也 一舌小縮而聲不深不淺 地闢於丑也 形之平 象乎地也 ㅣ舌不縮而聲淺 人生於寅也 形之立 象乎人也"이라고 하여 혀의 위치와 소리의 성격에 대한 설명을 제시하고 있다. 다음은 그 내용을 표로 정리한 것이다.

	舌	聲	象形
•	縮	深	天
一	小縮	不深不淺	地
ㅣ	不縮	淺	人

그 밖의 중성자들은 이 기본자들의 합성으로 만들었음은 'ㅗ與·同而口蹙 其形則·與一合而成 取天地初交之義也 ㅏ與·同而口張 其形則ㅣ與·合而成 取天地之用發於事物待人而成也 ㅜ與一同而口蹙 其形則一與·合而成 亦取天地初交之義也 ㅓ與一同而口張 其形則·與ㅣ合而成 亦取天地之用發於事物待人而成也 ㅛ與ㅗ同而起於ㅣ ㅑ與ㅏ同而起於ㅣ ㅠ與ㅜ同而起於ㅣ ㅕ與ㅓ同而起於ㅣ'라고 한 내용으로 알 수 있다.

중세국어[中世國語]

10세기부터 16세기까지의 7세기 동안의 국어.

시대적으로는 고려시대에서 조선시대 임진왜란 이전까지인데, 이는 다시 14세기를 경계로 전기 중세국어와 후기 중세국어로 나뉜다. 14세기를 기점으로 전기와 후로 양분하는 것은 14세기에 있었던 것으로 추정되는 모음추이라 불리는 모음체계의 변화에 근거를 둔다.

전기 중세국어의 대표적인 자료로는 『계림유사』와 『향약구급방』을 들 수 있다. 『계림유사』는 한자의 음을 이용하여 적고 있으나 고대 표기법의 음독자들이 거의 사용되지 않은 반면에 향약구급방은 고대의 한자차용 표기법의 전통을 그대로 이어받아 석독 표기와 음독 표기, 혼합표기가 사용되었다. 또한 일반적으로 음독자와 석독자가 구별되었다.

전기 중세국어의 음운적인 특징으로는 된소리가 어두에 나타남으로써 된소리 계열이 음운체계 속에 확고한 자리매김을 하였고, 어두자음군은 아직 형성되지 않은 모습을 보인다. 차자표기로 인하여 존재하였을 것으로 보이는 'ㅸ'과 같은 음소는 반영이 되지 않은 것으로 생각된다. 음절말 자음의 내파화에 관해서는 평음과 유기음이 중화되었던 것으로 가정하면, 13세기 중엽에 음절말 자음의 대립은 'ㄱ, ㄴ, ㄷ, ㄹ, ㅁ, ㅂ, ㅅ, ㅿ, ㆁ, ㅈ, ㅎ' 등이 있었음을 알 수 있다. 어휘적으로는 몽고어 차용어가 많이 보인다는 특징을 가지고 있다.

후기 중세국어 시기에 들어오면서 훈민정음의 창제로 인하여 아주 풍부한 국어자료를 확보할 수 있게 되었다. 후기 중세국어의 음운적인 특징으로는 음소 'ㅿ, ㅸ, ㆁ'의 존재와 어두자음군 그리고 방점으로 표기된 성조를 들 수 있다. 이들을 후기 중세국어의 음운적인 특징으로 삼는 까닭은 이들을 임진왜란 이후의 근대국어에서는 찾아볼 수 없기 때문이다. 모음에 있어서는 'ㆍ'와 이중모음의 존재가 근대국어나 현대국어와 차이를 보인다.

문법적인 면에서는 용언의 합성이 매우 생산적이라는 점을 들 수 있다. '빌먹-, 딕먹-, 것곶-, 듣보-, 죽살-, 됴쿶, 놉낫갑-' 등이 그러한 예들이다. 이러한 합성법은 16세기 이후 점차 비생산적이 되었다. 곡용과 활용에서는 비자동적인 교체를 보이는 어휘들이 많다는 점도 특징이라고 할 수 있다. 현대국어에서는 찾아보기 어려운 선어말어미 '-오/우-'라든가 경어법의 선어말어미 '-이-, -숩-' 등도 중세국어의 문법적인 특징을 보이고 있다고 하겠다.

어휘적인 면에서는 한자어가 고유어를 물리치는 양상을 보이고, 많은 불교 용어가 국어 어휘 속에 들어오게 되었다는 점이라든가 중국어부터 직접 들어온 차용어들이 많이 보인다는 점도 중세국어의 특징으로 들 수 있다.

집단곡용[集團曲用]

한 문장에서 동격으로 사용된 명사들이 여럿이 있을 때 마지막 명사만이 필요한 조사를 취하는 현상.

알타이제어의 특징 중의 하나이다.

차용어[借用語]

외국으로부터 들어온 말이 국어에 동화되어 사용되는 어휘.

외래어라고도 한다.

차용어는 낱말 차용(차용어 가운데 가장 보편적인 것으로서 차용자가 대상이나 사실과 함께 기증자의 낱말을 차용하는 것), 차용 전이(원어의 의미에 얽매이지 않고, 새로운 의미 체계의 형성상 필요에 따라 전이된 의미로 고유어와 공존하게 되는 경우), 차용 혼성(차용자가 외국어를 차용하여 거기에다 자국어의 어떤 의미 있는 요소를 덧붙여 새로운 낱말을 만드는 조어법), 문법적 차용(외국어의 문법적 요소가 자국어에 차용되는 경우)의 네 가지 유형으로 나뉘어 설명될 수 있으며 드물게는 외국어의 굴절이나 발음 및 통사론적인 요소가 차용되는 수도 있다.

외국어가 국어 속으로 차용되어 들어오게 되면 원어의 언어적 기능은 상실되고 국어의 문법적 규칙을 따르게 된다.

조선시대 이전에 유입된 차용어는 한자어가 그 주류를 이루고 있으나 그 밖에도 불교의 전래와 함께 유입된 범어(梵語), 고려 말 이래 정치적 관계에 의하여 유입된 몽고어나 만주어 · 여진어 따위도 부분적이긴 하나 고유어와 함께 공존하고 있다. 개화기 이후 유입되기 시작한 차용어로는 일본어와 서구어가 그 주류를 이루고 있는데, 서구어는 개화기나 일제 침략기에 일본, 중국 등을 통하여 간접 차용되는 것이 일반적이었으나 해방 이후부터는 우리가 주권국으로서 직접 서구 제국과 능동적인 교류를 이룩함으로써 언어 차용도 직접 차용되게 된다. 현대에 있어서 서구어 가운데 가장 많이 유입된 차용어로는 영어를 들 수 있는데 해방 이후 한국과 미국의 밀접한 우방 관계 유지, 미군의 장기간 한국 주둔, 세계어로서의 영어가 차지하는 비중, 한국 내에서 학교 교육상 영어가 차지하는 비중 등이 영어의 차용어가 날로 증대하게 되는 주요요인으로 작용하게 된 것이다. 독일어, 프랑스어도 상당한 비중을 차지하고 있으며, 그 밖에 이태리어, 포르투갈어, 스페인어, 라틴어, 희랍어, 러시아어 등이 그 국적인 차용어도 발견된다. 넓은 의미에서 한자어도 차용어에 포함시킬 수 있다. 서구에서 들어온 차용어는 외국어의 의식이 농후하지만 한자어는 차용어라는 느낌조차 없기 때문에 외국어나 차용어로 명확히 구분하기는 어렵다.

차청 [次淸]

훈민정음의 초성체계에서 'ㅋ, ㅌ, ㅍ, ㅊ, ㅎ' 따위에 공통되는 음성적 특질을 이르는 말.

처격 [處格]

처소, 방향, 원인, 유래, 시간적 · 공간적 범위 등을 나타내는 격.

위격(位格)이라고도 한다.

중세국어의 처격 조사에는 두 부류가 있어 '-애/에/예'와 '-ᄋᆡ/의'가 있었다. '-애'는 양성모음 아래 쓰였고, '-에'는 음성모음 아래 쓰였으며, '-예'는 체언의 말음이 'ㅣ' 모음일 경우에 쓰였다. 이들 두 부류 조사의 관계는 아직 분명하지 않다. 처격으로 '-ᄋᆡ'를 취하는 명사들은 '아ᄎᆞᆷ, 나조, 낮' 등과 같은 시간명사와 '앒, 집, 곁, 우' 등의 장소명사 그리고 '나모' 등과 같은 특수어간교체를 보이는 명사와 같이 대체로 정해져 있었으나 동일한 명사가 '-ᄋᆡ' 와 '-애' 를 취하는 경우도 있었다.

그 밖에 조사 '-게' 와 '-거긔' 는 동명사 뒤에 사용되어 처격을 나타내었다. "紺ᄋᆞᆫ ᄀᆞ장 프른거긔 블근 겨치 잇ᄂᆞᆫ 비치라" (월인석보 10:52ㄱ), "善ᄒᆞᆫ 게ᄂᆞᆫ 절ᄒᆞ시고" (월인석보 17:74ㄴ)에 보이는 예가 그것이다.

초성 [初聲]

음절의 구성에서 처음 소리인 자음.

'말' 에서 'ㅁ' 따위로 첫소리, 초발성이라고도 한다.

토 [吐]

한문을 읽을 때 구절 끝에 붙여서 문법적 관계를 나타내는 우리말 부분.

한문의 문법적인 관계를 우리말로 연결해 주어, 한문을 우리의 인식구조에 맞게끔 이해할 수 있도록 도와주는 역할을 한다. 흔히들 구결(口訣)과 토를 혼용하여 쓰기도 하는데, 토의 완전한 이해를 위해서는 구결과의 구분이 필요하다.

우선 구결은 한문 원문을 읽을 때, 구절 사이사이에 들어가서 문맥을 밝혀 주는 국어의 문법형태들이다. 다음을 참고해 보자.

國之語音이 異乎中國ᄒᆞ야 與文字로 不相流通ᄒᆞᆯᄊᆡ 故로 愚民이 有所欲言ᄒᆞ야도 而終不得伸其情者ㅣ 多矣라.

위의 어제서문(御製序文)에서 한글로 표기된 형태가 바로 구결이다. 구결이 없이 한문 원문만으로도 글의 뜻은 알 수 있다. 그러나 구결이 있으면 글의 뜻을 더욱 쉽게 알 수 있다. 이러한 점이 바로 한문 원문에 구결을 덧붙여

썼던 이유일 것이다. 그런데 구결을 삭제한 위의 한문 원문에서 之, 乎, 與, 而, 矣 등을 어조사 또는 토라고 한다. 이들이 없어도 글 뜻은 어느 정도 짐작되지만, 이들이 있어야 문맥은 더욱 분명하여지고 글 뜻도 뚜렷이 드러나게 된다. 차원이 다르기는 하나 구결은 이들 어조사와 같은 성격을 갖는다. 그래서 구결을 흔히 토라고 부르기도 하는 것이다. 그러나, 구결은 향찰, 이두와 대등한 것으로서 문장이나 그 이상의 단위를 포함하는 것이지만, 토는 향찰, 이두와 비견(比肩)될 수 없을 뿐만 아니라, 문장의 단위까지 포함할 수도 없다. 즉 구결은 토에 의해서 지정된 한문의 독법(讀法)을 말하는 것임에 대하여, 토는 한문에 첨가되어 구결을 이루는 한 요소로서 한문을 우리말로 읽거나 이해하도록 지시하는 부호나 국어의 기능어, 또는 그 집합체들이라고 할 수 있다.

구결은 이미 주어진 한문의 내용을 파악하기 위한 한문 해독방법의 하나이다. 따라서 한문의 내용을 배제하고 구결이란 말을 쓸 수는 없는 것이다. 한문은 그것을 파악하는 사람이나 그것을 보는 관점에 따라 같은 한문이라 하더라도 그 구결이 달라질 수가 있다. 이 구결이 결정된 다음 그에 따라 자기의 해석을 한문의 본문에다 구체적으로 표시하는 방편으로 이용하는 것이 토인 것이다. 따라서 토는 구결에 소속되는 하나의 형식이지 그 자체가 체계적인 의사전달의 내용을 갖는 것은 아니다.

파찰음 [破擦音]

파열음과 마찰음의 두 가지 성질을 다 가지는 소리.

붙갈이소리라고도 한다. 중세국어에서의 파찰음으로는 'ㅈ', 'ㅉ', 'ㅊ' 따위가 있는데, 이들 'ㅈ', 'ㅉ', 'ㅊ'이 구개음이 아니라 치음이라는 점은 기억할 필요가 있다. 중세국어에서는 '자 · 저 · 조 · 주'와 '쟈 · 져 · 죠 · 쥬', '차 · 처 · 초 · 추'와 '챠 · 쳐 · 쵸 · 츄' 등이 변별되어, 이를테면 '장(欌)-쟝(醬), 저(自)-져(筯), 초(醋)-쵸(燭)' 등에서와 같이 구분이 되었다.

표기법[表記法]

부호나 문자로 한 언어를 표기하는 규칙.

(1) 훈민정음 창제 이전의 표기법

우리말을 표현하는 수단이 없었기 때문에 주로 한자를 그 표기수단으로 한다.

① 고유명사의 표기(차자표기)

당시 삼국의 우리 민족은 입으로는 우리말을 말하고 글로는 한문을 쓰는 이중적인 언어생활을 했던 것으로 짐작이 된다.

한자로 우리말을 표기할 때 특히 문제가 된 것은 고유명사나 지명, 조사 등과 같이 중국어로 번역될 수 없는 말들의 표기로 이러한 표기를 위하여 한자의 음 또는 뜻을 빌려 우리말을 표기한 방법들을 차자(借字)표기라고 한다.

한자의 음을 따서 국어를 표기하는 방식은 가령, '古' 자를 그 음인 '고' 로 읽어 표기하는 식(音讀)이고, 훈을 따서 국어를 표기하는 방식은 '水' 자를 음인 '수' 로 읽어 표기하지 않고 그 뜻인 '믈(현대국어는 물)' 을 나타내도록 하는 식(訓讀)이다. 때로는 이 두 가지가 함께 한 단어를 표기하는 데 쓰이기도 하였다.

② 구결

음독구결은 한문 원문은 그대로 둔 채 주로 우리말 문법 형태인 조사나 어미를 적당히 붙여 읽던 것이다. 이 구결은 없어도 한문 원문의 뜻은 갖지만, 원문의 뜻을 더욱 쉽고 분명하게 알 수 있다.

天地之間萬物之中厓 唯人伊 最貴爲尼 所貴乎人者隱 以其有五輪也羅

(厓 : '-에', 伊 : '-이', 爲 : 'ᄒᆞ', 尼 : '-니', 隱 : '-ᄂᆞᆫ', 羅 : '-라')

위의 구결자들에서 획을 줄여 간략화 된 약자(略字)를 사용하여 한자 원문과의 구별을 쉽게 하고 읽기 편리한 방법도 사용되었다. 이러한 구결을 약자구결 혹은 약체구결이라고 한다.

(厓 → '𠂆', 伊 → '亻', 爲尼 → 'ソヒ', 隱 → '⻏', 羅 → '㔔')

석독구결은 한문 원문이 쓰여진 순서대로 읽지 않고 우리말의 구조에 맞게 원문을 해석하여 붙인 구결이다. 석독구결은 위에서 아래로 순차적으로 읽어가는 것이 아니라 거슬러 올라갔다가 다시 내려오고 하는 식으로 읽도록 되어 있다.

③ 이두

이두는 국어의 단어를 국어의 문장구조에 따라 같은 뜻을 갖는 한자어로 배열하고 조사, 어미 등과 같은 문법 형태소를 표기하여 정확한 문맥을 나타냄으로써 보다 정확한 문장의 의미를 나타내기 위한 차자표기이다.

辛亥年二月二十日 南山新城作節 如法以作 後三年崩破者 罪敎事爲聞敎令 誓事之

위에서 밑줄을 그은 것은 이두자로서 주로 한자의 뜻을 따서 우리말의 문법 형태를 나타낸 것이다.

④ 향찰

향찰은 한자의 음과 훈을 따서 국어를 표기하는 방식이라는 점에서는 위에 든 여러 차자표기의 방식과 맥을 같이하고 있지만 다른 것들보다도 우리말다운 특징을 가장 잘 살린 표기라고 할 수 있다. 실질적인 의미를 가진 부분은 뜻을 따서 읽었고, 문법적이고 형식적인 의미를 가진 부분은 음독하였다. 향찰은 체언이나 용언 어간 등 실질적 요소들에까지 차자표기의 방식을 폭넓게 적용한 것이다.

(2) 훈민정음 창제 이후의 표기법

문자 훈민정음이 창제된 뒤 이 문자로 기록된 15 · 6세기의 중세국어 문헌들을 살펴보면 매우 엄격한 표기법이 수립되어 있었음을 알 수 있다.

중세국어 표기법의 두 원리는 음소적 표기법과, 음절적 표기법이다.

종성 표기법에서는 ㄱ, ㄴ, ㄷ, ㄹ, ㅁ, ㅂ, ㅅ, ㆁ/ㅇ의 8종성법이 사용되었다.

또한 자음으로 끝나는 체언이나 용언의 어간 뒤에 모음으로 시작되는 격조사나 활용어미가 연결되면 앞의 자음, 즉 종성이 다음 음절의 초성으로 연철되는 표기법이 사용되었다.

표기법의 또 다른 특징으로는 방점을 들 수 있다. '모든 글자의 왼쪽에 한 점을 더하면 거성이 되고, 두 점은 상성이 되며, 점이 없으면 평성이 된다' 라는 훈민정음 합자 해례의 규정이 있다. 방점은 15세기 언문청이나 간경도감의 문헌에는 상당히 정확히 찍혀 있으나, 15세기 후반부터 혼란스러워져 17세기에 전면 폐기된다.

'ㅎ' 말음체언 [末音體言]

체언(명사, 수사, 대명사)이 조사와 결합될 때 'ㅎ' 이 덧붙는 어휘.

'ㅎ' 종성체언이라고도 한다. 중세국어 가운데 체언(명사, 수사, 대명사)과 조사가 결합될 때 'ㅎ' 이 덧붙는 것으로, 이를 테면 '石' 을 의미한 명사의 단독형은 '돌' 이었지만, 곡용형은 '돌히' (주격), '돌해' (처격), '돌ᄒᆞᆯ' (대격), '돌ᄒᆞ로' (조격), '돌콰' (공동격) 등으로 나타나는 것이다. 15세기 문헌에 나타나는 이러한 체언을 조사해 보면 80단어를 넘는다. '나라(國), ᄯᅡ(地), 하ᄂᆞᆯ(天), 길(道), 내(川), 시내(溪), ᄀᆞᅀᆞᆯ(秋), 나조(夕), 우(上), 뒤(後), 안(內), 뫼(山), ᄆᆡ(野), 드르(野), 돌(梁), 출(源), 쏠(源), ᄆᆞᅀᆞᆯ(村), ᄠᅳᆯ(庭), 수(藪), 움(窟), ᄀᆞᄂᆞᆯ(陰), 모(方), ᄀᆞ올(州), 셔울(京), 여러(諸), 마(薯), ᄂᆞᄆᆞᆯ(菜), 밀(小麥), 조(粟), 알(卵), 고(鼻), 니마(額), ᄇᆞᆯ(臂), ᄉᆞᆯ(肌), 암(雌), 수(雄), 뎌(笛), ᄂᆞᆯ(刃, 經), 말(橛), 쇼(白衣), 긴(纓), 노(繩)' 등이 그것이다.

이 말음 'ㅎ' 은 뒤에 소실됐는데 이 소실은 근대에 들어와서의 일이었지만, 현대국어에도 일부 남아 나타나고 있다. '안[內]', '암/수(性)', '머리(頭)', '살(肉)' 이 바로 그런 낱말들이고, '안팎(안ㅎ+밖), 암탉(암ㅎ+닭), 수평아리(수ㅎ+병아리), 머리카락(머리ㅎ+가락), 살코기(살ㅎ+고기)' 등이 그러한 예이다.

한글

훈민정음(訓民正音)의 현대적 명칭.

'훈민정음' 이라고 부르던 세종(世宗)이 창제한 28자는, 이후 언문(諺文) · 언서(諺書) · 반절(反切) · 암클 · 아햇글 · 가갸글 · 국서(國書) · 국문(國文) · 조선글 등의 명칭으로 불렀다.

한글이라는 이름이 일반화하기 전까지는 세종 당대부터도 쓰였던 언문이라는 명칭이 널리 쓰였다.

근대화 과정에서 국문이라고 주로 부르다가 한글이라는 이름으로 통일되었는데, '한글' 이라는 이름은 주시경(周時經)에게서 비롯되었다고 전한다. 명확한 기록은 없으나 신문관(新文館)에서 발행된 어린이 잡지 '아이들 보이' (1913)의 끝에 횡서(橫書) 제목으로 '한글' 이라 한 것이 있다.

한글이라는 명칭이 일반화된 것은 조선어학회(한글학회)가 주동이 되어 훈민정음 반포 8주갑(週甲)이 되는 해 즉 480주년인 병인년(丙寅年:1926) 음력 9월 29일을 반포기념일로 정하여 '가갸날' 로 이름 지은 뒤, 1928년에 가갸날을 한글날로 고쳐 부르게 되면서부터이다. '한글' 이라는 말 자체의 뜻은 '한(韓) 나라의 글', '큰글', '세상에서 첫째 가는 글' 등의 의미를 가지고 있다.

합용병서 [合用竝書]

서로 다른 둘 또는 세 글자를 나란히 붙여 쓰는 것.

합용병서에는 초성, 중성, 종성 합용병서가 있어, 초성 합용병서에는 'ㅺ, ㅼ, ㅽ/ㅲ, ㅄ, ㅶ/ㅵ, ㅷ', 중성 합용병서에는 'ㅘ, ㅝ, ㅙ, ㅞ' 등, 종성 합용병서에는 'ㄳ, ㅥ, ㄺ, ㄻ, ㄼ, ㅭ' 이 있으나 일반적으로는 초성 합용병서와 종성 합용병서를 가리킨다.

초성 합용병서에 대해서는 해례 합자해에 "初聲二字三字合用並書如諺語

ᄯᅡ爲地 ᄧᅡᆨ爲隻 ᄠᅳᆷ爲隙之類"라 하여 예를 보였다. 15세기 문헌에서 초성의 합용병서를 찾아보면 'ㅺ ㅼ ㅽ, ㅳ ㅄ ㅶ ㅷ, ㅴ, ㅵ' 등이 자주 나타나고, 매우 드문 예로 'ㅻ' 과 여진어 표기에 쓰인 'ᅒ' 이 보인다. 15세기에는 'ㅅ, ㅂ, ㅄ' 의 세 계열이 있었던 셈이다.

종성 합용병서에 대해서는 해례 합자해에 "終聲二字三字合用 如諺語ᄒᆞᆰ爲土 낛爲釣 ᄃᆞᇌᄣᅢ爲酉時之類"라 하여 예를 들고 있다. 사이시옷을 제외하면 문헌에 나타나는 순수한 종성 합용병서는 'ㄳ, ㄵ, ㄺ, ㄻ, ㄼ, ㅄ' 뿐이다.

향격 [向格]

방향을 나타내는 격.

국어에서는 조사 '로' 가 그러한 기능을 가지고 있다. 자음으로 끝난 체언 뒤에서는 연결 모음이 삽입되었다. 향격의 조사 '로' 는 향격 이외에도 도구, 수단, 방법, 자격, 경유 등의 격표지로 쓰인다.

향찰 [鄕札]

신라 때에, 한자의 음과 뜻을 빌려 국어 문장 전체를 적은 표기법.

특히 향가의 표기에 사용되어 향가식 표기법이라고도 한다. 향찰은 실제로 향가의 표기 이외에 사용된 흔적이 보이지 않는다.

향찰의 표기 원리는 어절을 단위로 하여 '석독(釋讀)' 과 '음독(音讀)' 의 조합으로 이루어진다. 뜻을 나타내는 부분은 훈을 빌려 읽고, 조사나 어미와 같은 문법부는 음을 빌려 읽도록 하여 국어를 충실하게 표기할 수 있었던 것이다.

통일신라 이전에도 향가의 표기가 이루어졌을 가능성은 있으나, 향찰이 일반화되기는 통일신라에 들어 향가 문학이 무르익게 된 때의 일일 것이다.

이 표기법은 고려 초엽까지 존속했으나 그 뒤에는 점차 소멸의 길을 밟았다. 향찰 체계가 소멸하게 된 이유로는 무엇보다도 그 체계의 비효율성을 들지 않을 수 없다. 실질적 의미를 가진 부분은 석독 표기로, 문법적 요소는 음독 표기로 하는 것을 원칙으로 했던 향찰 체계는 지극히 복잡했었고 그러면서도 국어를 아주 만족스럽게 표기하지는 못하였던 데에서 까닭을 찾을 수 있을 것이다.

후치사[後置詞, postposition] → 특수조사

훈민정음 언해본[訓民正音 諺解本]

세종이 간행한 책인 '훈민정음' 중 세종(世宗)의 서(序)와 예의(例義)를 언해한 책.

본문 총 15장으로, 몇 가지 판본이 전한다. 1459년(세조 5) 간행된 '월인석보(月印釋譜)' 권두(卷頭)에 실린 것으로 언해본의 원간본은 서강대학교에 소장된 언해본과 박승빈(朴勝彬)이 간수하고 있던 것으로 지금은 고려대학교 아세아문제연구소 육당문고에 소장된 언해본, 그리고 일본 궁내성과 일본인 학자 소장본도 있다. 육당문고본은 단행본으로, 첫장이 보사(補寫)되고 둘째장 이하도 부분적으로 보사되었다. 보사 부분을 제외하면 지질은 물론이고 인면의 자양, 판식의 세부까지 서강대학본과 같다. '월인석보' 의 권두에서 분리하여 따로 제책한 것이다. 언해본의 중간본은 1572년(선조 5)의 희방사 복각본 월인석보로서 널리 알려져 있다.

서강대학교에 소장된 언해본에는 예의 부분에 해례본에는 없는 치두음(齒頭音)과 정치음(正齒音)에 관한 규정이 첨가되었다. 국어의 표기에는 사용되지 않으나 '월인석보' 에 나오는 범어의 표기를 위하여 쓰인 문자를 소개하기 위한 것으로 이해된다.

훈민정음의 제자원리 [訓民正音의 製字原理]

훈민정음을 만든 원리.

훈민정음 제자의 원리는 초성과 중성 그리고 종성으로 나누어 살펴야 한다. 각각의 원리가 다르기 때문이다.

먼저 초성의 제자원리는, 훈민정음 해례 제자해에 의하면 초성 중 기본자(基本字 :ㄱ ㄴ ㅁ ㅅ ㅇ)는 그 자음(字音)이 나타내는 음소(音素)를 조음(調音)할 때의 발음기관의 모양을 본떴다고 하였다. 곧 설음(舌音 : ㄴ), 순음(脣音 : ㅁ), 후음(喉音 : ㅇ)에서 불청불탁(不淸不濁)으로 기본문자를 삼은 것은 그 소리가 가장 약하기 때문이라고 하였다. 치음(齒音)에서 'ㅅ' 과 'ㅈ' 은 비록 둘 다 전청(全淸)이지만 'ㅅ' 이 'ㅈ' 에 비하여 그 소리가 약하기 때문에 기본자로 삼았다. 다만 아음(牙音)에서 불청불탁(ㆁ)을 기본문자로 삼지 않은 것은 그 소리가 후음(喉音)의 'ㅇ' 과 비슷하기 때문이라고 하였다.

그 밖의 초성자(初聲字)들은 이들 기본자에 가획(加畫)하거나 또는 약간의 이체(異體)를 형성함으로써 만들어졌다. ㄱ → ㅋ, ㄴ → ㄷ → ㅌ, ㅁ → ㅂ ㅍ, ㅅ → ㅈ → ㅊ, ㅇ → ㆆ → ㅎ이 그것이다. 'ㆁ ㄹ △' 3자는 이체를 형성한 경우이다.

중성의 제자원리는 초성자와는 달리 철학적인 면을 보이고 있다고 하겠다. 세 기본자(基本字 : ㆍㅡ ㅣ)가 천(天)ㆍ지(地)ㆍ인(人) 삼재(三才)의 모양을 본떴다고 하는 것이다. 기본자 이외의 중성자(中聲字)들은 기본자들의 합성으로 이루어졌다고 하여 이를 재출자(再出字)라 하였다.

종성의 제자원리는 별도의 원리를 가지는 것이 아니라 초성자를 가져다 사용하기로 하였다. 훈민정음 본문에 "종성은 초성을 다시 쓴다(終聲復用初聲)" 고 한 규정이 그것이다. 그러나 초성자 모두를 종성에 사용하는 것은 아니어서 해례 종성해에서는 종성에 사용하는 글자를 8자 체계로 규정하였다(ㄱㆁㄷㄴㅂㅁㅅㄹ八字可足用也).

훈민정음 해례본[訓民正音 解例本]

새로 창제된 훈민정음을 1446년에 정인지 등이 세종의 명으로 훈민정음을 설명한 한문 해설서.

1446년(세종 28)에 원간되었는데, 내용은 세종의 어제서와 새 문자에 대한 간략한 해설로 이루어진 본문 그리고 집현전 학사들에 의한 해례와 정인지의 해례서로 되어 있다. 이 책의 특징이 해례가 있다는 점에 있어 보통 해례본이라고 부른다.

해례본의 원간본은 1940년 경북 안동에서 발견되어 간송문고에 소장되어 있다. 첫 2장이 낙장(落張)으로, 발견 당시에 보사되었으나 몇 군데 오류가 있다. 이 책이 원간본인가 하는 점에 대하여는 갑인자본이 아니라는 점에서 회의적인 의견도 있으나, 상하하향흑어미인 판심이나 한글자체로 보아, 어떤 한글문헌보다도 이른 시기의 자료이다. 지질이 국립중앙도서관의 석보상절과 같다는 점에서도 15세기 중엽의 간본은 분명하여 보인다.

세종어제(世宗御製) 서문과 훈민정음 낱글자의 음가 및 운용법을 밝힌 예의편이 본문처럼 구성되었고, 이를 해설한 해례편이 제자해, 초성해, 중성해, 종성해, 합자해, 용자해의 순으로 나누어져 기술되어 있으며, 책 끝에 정인지의 서문이 실려 있다. 각각의 내용은 아래와 같다.

① 세종어제 서문 : 훈민정음 창제의 표면적인 이유와 동기가 나타나 있다.

② 본문(예의) : 글자의 음가를 우선 한자로써 보인 부분이며, 문자의 서사법에 대하여 설명하고, 종성, 병서, 연서, 부서, 순경음, 방점 등에 관한 규정이 포함되어 있다.

③ 제자해 : 훈민정음의 가장 중심을 이루는 부분으로, 제자원리, 발음법, 음가 등을 설명하였다.

④ 초성해 : 초성의 정의 및 용례를 설명하고 있다.

⑤ 중성해 : 중성의 정의 및 용례를 설명하고 있다.

⑥ 종성해 : 종성의 정의 및 용례를 설명하고 있다.

⑦ 합자해 : 초 · 중 · 종성 문자가 실제로 사용될 때의 글자 구성에 대한 규정으로서 25개의 어휘를 예로 보이고 있다. 병서, 연서, 부서, 순경음, 사성 등에 대하여 구체적으로 설명하였다.

⑧ 용자례 : 실제 어휘를 대상으로 삼아 표기 상의 실제 예를 보인 것으로 여기에 94개의 어휘가 수록되어 있다.

⑨ 정인지의 발문 : 세종의 총명함, 정음의 우수성, 집현전 학자의 이름, 연호(정통 11년–중국 명나라의 연호)에 대해 나와 있다.

참고문헌

강규선(2001), 훈민정음연구, 보고사.

강길운(1993), 국어사정설, 형설출판사.

강신항(2003), 훈민정음연구, 성균관대학교출판부.

고영근(1981), 중세 국어의 시상과 서법, 탑출판사.

고영근(2002), 개정판 표준중세국어문법론, 집문당.

고영근 · 구본관(2008), 우리말문법론, 집문당.

국립국어연구원(1999), 표준국어대사전, 두산동아.

국립국어원(2005가), 외국인을 위한 한국어문법 1, 커뮤니케이션북스.

국립국어원(2005나), 외국인을 위한 한국어문법 2, 커뮤니케이션북스.

국어사연구회(1997), 국어사연구, 태학사.

권재일(1992), 한국어 통사론, 민음사.

권재일(1994), 한국어 문법의 연구, 박이정.

권재일(1998), 한국어 문법사, 박이정.

김광해(1993), 국어어휘론 개설, 집문당.

김광해 외(1999), 국어지식탐구, 박이정.

김무림(2004), 국어의 역사, 한국문화사.

김방한(1999), 언어학의 이해, 민음사.

김준기 · 이철수(2000), 언어와 언어학의 이해, 한국문화사.

남기심(2002), 현대국어통사론, 태학사.

남기심 · 고영근(1993), 표준 국어문법론(개정판), 탑출판사.

남풍현(2002), 국어사를 위한 구결연구, 태학사.

노대규(2003), 국어학서설, 신원문화사.

목정수(2003), 한국어문법론, 도서출판 월인.

민현식(1999), 국어문법 연구, 태학사.

박병채(1989), 국어발달사, 세영사.

박영순(1994), 한국어 의미론, 고려대학교 출판부.

박영순(1998), 한국어 문법 교육론, 박이정.

박창원(2002), 고대 국어 음운, 태학사.

배주채(2003), 국어음운론 개설, 신구문화사.

백봉자(2006), 외국어로서의 한국어 문법 사전(개정판), 도서출판 하우.

서울대학교 국어연구회 편(1990), 국어연구 어디까지 왔나, 동아출판사.

서울대학교 · 동아문화연구소(1979), 국어국문학사전, 신구문화사.

서정수(1992가), 국어문법의 연구 I, 한국문화사.

서정수(1992나), 국어문법의 연구 II, 한국문화사.

서정수(1994), 국어 문법, 뿌리 깊은 나무.

서정수(1995), 국어 문법(수정증보판), 한양대학교 출판원.

송철의(1992), 국어의 파생어형성 연구, 태학사.

심재기 외(1989), 의미론 서설, 집문당.

신승용(2003), 음운 변화의 원인과 과정, 국어학회.

안병희 · 이광호(1990), 중세국어문법론, 학연사,

이관규(1999), 학교 문법론, 월인.

이광호(2002), 국어문법의 이해, 태학사.

이광호 · 한재영 · 장소원(1998), 국어정서법, 한국방송대학교출판부.

이기문(1998), 국어사개설, 태학사.

이기문 · 김진우 · 이상억(2006), 국어 음운론, 학연사.

이미혜(2005), 한국어 문법 항목 교육 연구, 박이정.

이석주 · 이주행(2007), 한국어학 개론, 보고사.

이익섭(1994), 사회언어학, 민음사.

이익섭(2000), 국어학개설(개정판), 학연사.

이익섭(2005), 한국어 문법, 서울대학교출판부.

이익섭 · 이상억 · 채완(1997), 한국의 언어, 신구문화사.

이익섭 · 임홍빈(1983), 국어문법론, 학연사.

이익섭 · 채완(1999), 국어문법론강의, 학연사.

이주행(2000), 한국어 문법의 이해, 월인.

이호영(1996), 국어 음성학, 태학사.

이희승 · 안병희(2004), 새로고친 한글맞춤법 강의, 신구문화사.

임지룡(1992), 국어 의미론, 탑출판사.

임호빈 외(1997), 외국인을 위한 한국어 문법(신개정), 연세대학교출판부.

임홍빈 · 안명철 · 장소원 · 이은경(2001), 바른 국어생활과 문법, 한국방송통신대학교출판부.

임홍빈 · 장소원(1995), 국어 문법론 Ⅰ, 한국방송통신대학교출판부.

장경희(1985), 현대국어의 양태범주연구, 탑출판사.

장윤희(2003), 석독구결 및 그 자료의 개관, 구결학회.

전정례 · 김형주(2002), 훈민정음과 문자론, 도서출판 역락.

정경일 외(2000), 한국어의 탐구와 이해, 박이정.

최남희(1996), 고대국어 형태론, 도서출판 박이정.

최명옥(2008), 국어음운론(제2판), 태학사.

최재희(2004), 한국어 문법론, 태학사.

최현배(1961), 우리말본(제3판), 정음문화사.

한국정신문화연구원(1995), 한국민족문화대백과사전, 한국정신문화연구원.

한글학회(1995), 국어학사전, 한글학회.

한재영 외(2001), 한국어 교육 총서 1 한국어 발음 교육, 한림출판사.

한재영 외(2005), 한국어 교육 총서 2 한국어 교수법, 태학사.

한재영 외(2008), 한국어 교육 총서 4 한국어 문법교육, 태학사.

허용 외(2002), 한국어 교육을 위한 한국어 문법론, 한국문화사.

허용 외(2005), 외국어로서의 한국어교육학 개론, 박이정.

허웅(1990), 국어음운학, 샘문화사.

찾아보기

ㅅ

ㅈ

ㅊ

ㅋ

신구 한국어교육선서 01

한국어학

| 용어 해설 |

초판 발행 2010년 5월 3일

지은이 한재영 · 안경화 · 박지영
펴낸이 이재선
펴낸곳 신구문화사
디자인 은디자인

등록 1968년 6월 10일 제1-205호
주소 경기도 성남시 중원구 금광2동 2661번지
전화 031-741-3055~6
팩스 031-741-3054
이메일 shingupub@naver.com
홈페이지 www.shingubook.com

ISBN 978-89-7668-170-3 93710

*지은이와 협의에 따라 인지는 생략합니다.
*값은 뒤표지에 있습니다.